Michael Beitelsmann · Christian Wenger

Eisenbahn-Reiseführer Frankreich

Ein kostenloses Gesamtverzeichnis erhalten Sie beim
GeraMond Verlag
D-81664 München

www.geramond.de

Redaktion: Thomas Hanna-Daoud
Redaktionelle Mitarbeit: Aurélie Jamin
Layout: imprint, Zusmarshausen
Repro: ScannerService
Herstellung: Thomas Fischer
Bilder der Umschlagseiten: M. Beitelsmann (Vorderseite, Aufmacher),
D. Höllerhage (kl. Bild l.: Museumsbahn Tournon – Lamastre),
SNCF (kl. Bild r.: Paris Gare de Lyon); K. A. Richter (Rückseite)
Bild zum Vorwort: C. Wenger (Strecke Béziers – Clermont-Ferrand)

Alle Angaben dieses Werkes wurden von den Autoren sorgfältig recherchiert und auf den aktuellen Stand gebracht sowie vom Verlag geprüft. Für die Richtigkeit der Angaben kann jedoch keine Haftung übernommen werden.
Für Hinweise und Anregungen sind wir jederzeit dankbar.
Bitte richten Sie diese an:
GeraMond Verlag
Lektorat
Innsbrucker Ring 15
D-81673 München
e-mail: lektorat@geranova.de

Die Deutsche Bibliothek – CIP Einheitsaufnahme
Ein Titeldatensatz für diese Publikation ist bei der Deutschen Bibliothek erhältlich.

Printed in Italy by Printer Trento S.r.l.
ISBN 3-7654-7060-0

Michael Beitelsmann · Christian Wenger

Eisenbahn-Reiseführer Frankreich

Informationen, Bahn-Tipps und 26 Tourenvorschläge

GeraMond

Vorwort

Frankreich ist ein Urlaubsland – und ein begeisterndes Bahnland dazu. Hier gibt es superschnelle Züge und moderne Strecken, aber ebenso das Flair alter Eisenbahn und spektakuläre Linienführungen durchs Gebirge oder über Täler hinweg. Diese spannende Mischung findet man immer wieder zwischen Ardennen und Côte d'Azur, zwischen Pyrenäen und Normandie. Fast nebenbei lassen sich dabei verschiedenste Landschaften, Kulturen und nicht zuletzt eine phantastische Küche entdecken.

Mit diesem Reiseführer möchten wir Ihnen das Land der Gallier ans Herz legen. Wir stellen Ihnen die Eisenbahn, das Land und die Leute vor und geben Tipps rund um das Reisen. Die einzelnen Regionen können Sie mit unseren 26 Tourenvorschlägen kennen lernen. Lehnen Sie sich zurück, genießen Sie die Bahnwelt des „Sechsecks" und planen Sie vielleicht schon Ihre Entdeckungstour. Sie werden staunen, was es alles zu sehen gibt!

Viel Vergnügen!

Düsseldorf und Heiligenhaus,
im November 2005

Michael Beitelsmann
Christian Wenger

Inhalt

Stolze Hafenstadt am Atlantik mit famoser Kulisse: La Rochelle M. Beitelsmann

Frankreich: Land und Geschichte

Frankreich ist das flächenmäßig größte Land der Europäischen Union (EU): Der „Kernbereich" mit dem Festland und der Insel Korsika umfasst 543.965 Quadratkilometer und ist in 22 Regionen untergliedert. Die 62 Millionen Einwohner verteilen sich sehr ungleich. Es gibt industriell geprägte Ballungsräume – allen voran den **Großraum** Paris – und weite **ländliche Regionen**. Alles in allem ist das Land eher dünn besiedelt.
Wegen seiner Form wird Frankreich auch „l'Hexagone" – das Sechseck – genannt. Darin gibt es eine immense **landschaftliche Vielfalt**: Ebenen oder sanfte Hügel im Norden und Westen, Gebirge im Süden und Osten. Besonders faszinieren die Hauptgebirge: die Pyrenäen, das Zentralmassiv und die Alpen. An der Grenze zu Italien erhebt sich der Mont-Blanc, mit 4.807 Metern der höchste Berg Europas.
Die **Bevölkerung** setzt sich aus verschiedenen ethnischen Gruppen zusammen: Neben den Franzosen gibt es eine Reihe von Minderheiten, teils in (später) hinzugewonnenen Regionen, aus den ehemaligen Kolonien oder Einwanderer. Die Amtssprache ist aber nur Französisch.
Die **Verwaltung** Frankreichs hat man seit Jahrhunderten zentralistisch aufgebaut: Alles richtet sich auf Paris aus, oftmals werden selbst Details oder lokale Angelegenheiten von dort geregelt. Die heutige geografische Ausdehnung des Kernlandes ist im Prinzip im 19. Jahrhundert abgeschlossen worden.
Seit jeher gehört Frankreich zu den wichtigsten und einflussreichsten Staaten Europas. Industriell und technisch rangiert es heute unter den weltweit bedeutendsten Nationen, was sich in der Mitgliedschaft bei der Gruppe G7 zeigt.

Antike und Mittelalter

Geschichtlich blickt Frankreich auf eine lange, wechselvolle Entwicklung zurück. Die Besiedlung des Landes reicht bis in die vorgeschichtliche Zeit, wovon z. B. die Wohnhöhlen bei Les Eyzies und Lascaux oder die Megalithkultur in der Bretagne zeugen. In der Bronzezeit lebten hier u.a. Liguren, Iberer, Arverner und Stämme aus Irland; ab 700 v. Christus wanderten in größerem Maße Kelten ein und begründeten den Übergang von der Bronze- zur Eisenzeit. Ab 600 v. Chr. schufen Griechen Handelsposten, insbesondere an der Küste wie etwa Marseille.

Nachdem die **Römer** schon ab 200 v. Chr. die Mittelmeerregionen besetzt hatten, wurde unter Julius Caesar 58 bis 51 v. Chr. ganz Gallien erobert. **Gallier** – „Kämpfer" – nannte man die keltischen Völker Frankreichs. Schnell wurden sie mit der römischen Gesellschaft assimiliert, die gallo-römische Epoche begann. Dieser Kultur passten sich auch viele der Völker an, die ab 250 n. Chr. ins Land kamen.

Mit dem Zerfall des römischen Reiches entstanden mehrere Königreiche. Aus den folgenden Kämpfen gingen zunächst die Merowinger, ein Geschlecht der Franken, als Sieger hervor, begleitet durch eine weitgehende Christianisierung des Landes. Dazu trug auch der Sieg von Karl Martell bei, der 732 bei Tours und Poitiers die Mauren so vernichtend schlug, dass diese sich wieder hinter die Pyrenäen zurückzogen. Karl Martells Sohn Pippin begründete die Dynastie der Karolinger. Deren bedeutendster Vertreter, Karl der Große (frz.: Charlemagne), vereinte das Frankenreich mit Sachsen, Bayern und Oberitalien; anno 800 ließ er sich vom Papst zum Kaiser krönen.

Paris ist die Metropole des Landes. Im Bild die Kathedrale Nôtre-Dame *C. Wenger*

Unter Karls Enkeln wurde das Reich 843 im **„Vertrag von Verdun"** dreigeteilt. Das Westfrankenreich, die Keimzelle des heutigen Frankreich, ging an Karl den Kahlen. Dieses Reich zerfiel schnell, es entstand ein Königreich Burgund, dennoch gilt der Vertrag von Verdun als Geburt des französischen Nationalstaates. Nach dem Zerfall beschränkte sich das Westfrankenreich auf ein Gebiet rund um Paris. Als Hugo Capet 987 das Geschlecht der Capetinger auf den fränkischen Thron brachte, begann ein langsamer wirtschaftlicher wie kultureller Aufstieg. Das Königtum im Raum Paris gewann bald an Einfluss. Papst Innozenz rief 1209 zum Kreuzzug gegen die Herätiker im Languedoc auf, die eine andere Glaubensform vertraten. Dies nutzte die französische Krone, um nach blutigen Gemetzeln den Süden zu erobern. Dem folgten weitere Kämpfe um die Ausdehnung des Staatsgebietes, vor allem gegen England. Die zugewonnene Macht der französischen Könige zeigte sich an der erzwungenen Verlegung des Papstsitzes; dieser residierte zeitweise in Avignon.

Das Aussterben der Linie Capet und die Machtübergabe an die Nebenlinie Valois lösten den Hundertjährigen Krieg aus, der zwischen 1337 und 1453 mit England und Burgund ausgefochten wurde. Ein Ergebnis brachte er nicht. Zwar wurde das Nationalgefühl durch das symbolhafte Auftreten der Jeanne d'Arc gestärkt, doch den weitgehenden Abzug der Engländer erkaufte man mit hohen Summen. 1477 wurde das Lehen Burgund eingezogen.

Der Weg zum Absolutismus

Mit der **Reformation** wuchsen neue Probleme heran. Das Concordat von 1516 machte die katholische Kirche zum Herrschaftsinstrument des Königs, dem die Reformierten (Hugenotten) gegenüberstanden. Es gab mehrere Kriege, bis 1598 Heinrich IV mit dem Edikt von Nantes die Verfolgungen beendete. Der König aus der Nebenlinie Bourbon hatte 1589 nach der Ermordung des letzten Valois die Regentschaft übernommen.
In der Folgezeit begann Frankreichs Weg zum Absolutismus, begleitet von militärischen Erfolgen und ersten Kolonialgründungen. Inbegriff all dessen wurde der **„Sonnenkönig"** Ludwig XIV, für den Kardinal Mazarin das Elsass, Roussillon und Artois hinzugewann. Kulturell war Frankreich zu jener Zeit die erste Adresse in der (europäischen) Welt.

Revolution und Kaisertum

Wirtschaftlich allerdings geriet das Land an seine Grenzen. Angesichts eines drohenden Staatsbankrotts wurden immer mehr Bürger gegen Bezahlung in den Adelsstand erhoben, was das jahrhundertealte Gefüge zwischen den Ständen auflöste. 1789 kam es zu Zusammenstößen zwischen Pariser Bürgern und königlichen Truppen, versinnbildlicht in dem „Sturm auf die Bastille". Dieser wird heute als Beginn der **Französischen Revolution** gesehen, der Tag der Erstürmung (14. Juli) ist der Nationalfeiertag. Bedeutender war die Einberufung der Ständeversammlung; hierbei erklärten sich die Abgeordneten des dritten Standes zur Nationalversammlung, Teile des Klerus und des Adels schlossen sich an. Nach einer Missernte 1788 und dem folgenden harten Winter bewaffneten sich Bauern im Lande und griffen Klöster wie Schlösser an. Zuerst schockiert von den Ereignissen – Schutz des Eigentums war eines der Prinzipien der frühen Revolution –, versuchten einige Abgeordnete der Nationalversammlung, das Geschehen zu steuern. Mit den „Augustdekreten" wurden gleiche Rechte und Pflichten für alle festgelegt; dieses war das endgültige Ende des „Ancient Regime".
Eine neue Linie fand sich jedoch nicht; zu verschieden waren die Ziele der Parteien in der Nationalversammlung. Einige Abgeordnete, vor allem Robespierre und Danton, vertraten extreme Ansichten und errichteten eine Terrorherrschaft mit etlichen Todesurteilen. Auch Ludwig XVI und seine Gattin Marie Antoinette wurden hingerichtet.
Ein Kind der Revolution war **Napoléon Bonaparte**. 1789 war er bereits Offizier. Militärische Erfolge begründeten seinen politischen Aufstieg; 1798 ernannte er sich zum obersten Konsul, herrschte wie ein Monarch und krönte sich 1804 gar zum Kaiser. Napoléons Wirken ist umstritten: Er ließ viele Errungenschaften der Revolution unangetastet, baute eine effektive Verwaltung auf und führte das

noch heute gültige Gesetzeswerk „Code Civil“ ein. Andererseits überzog er weite Teile Europas mit Krieg, wobei er seinen Machtbereich zunächst erheblich ausdehnte. Das Blatt wendete sich 1812, als der Russland-Feldzug scheiterte. Nach weiteren verlorenen Kriegen musste Bonaparte 1814 abdanken und das Exil in Elba antreten. Die Rückkehr 1815 endete mit der Niederlage bei Waterloo gegen Preußen und England. Bonaparte starb im zweiten Exil auf St. Helena 1821. Frankreich indes blieb eine führende Macht. Die Industralisierung begann, das Kolonialreich wurde erweitert.

Verträumte Ortschaften wie hier im Zentralmassiv sind typisch für Frankreich MHZ

Vom 19. Jahrhundert bis heute

Einen Rückschlag erlebte Frankreich mit der Niederlage im Krieg gegen Deutschland 1870/71. Das Land, fortan mit republikanischer Staatsform, verlor Elsass und Lothringen. Es begann die Zeit der „Erbfeindschaft“ zu Deutschland. Dies zeigte sich auch in den mörderischen Materialschlachten des Ersten Weltkriegs, die Nord-Ost-Frankreich verwüsteten. Der Sieg und die Vereinbarungen im **Versailler Vertrag** sicherten Frankreich zwar Elsass und Lothringen, doch blieb – trotz Ansätzen zu einem Ausgleich – die Gegnerschaft zu Deutschland bestehen. 1940 eroberte die deutsche Wehrmacht in wenigen Wochen die nordöstliche Hälfte des Landes; Frankreich musste kapitulieren. Ein dunkles Kapitel ist das „Vichy-Regime“ im nicht besetzten Landesteil. Angeführt von Marshall Pétain, kollaborierte es mit den Deutschen. Es bekämpfte die Widerstandsbewegung (Résistance), 200.000 Juden wurden deportiert. Mit der Aufarbeitung dieser Zeit tut sich Frankreich nach wie vor schwer.

Mit der Landung von US-amerikanischen und britischen Truppen 1944 begann die Befreiung des Landes, an der sich auch die Résistance beteiligte. **Nach 1945** nahm Frankreich eine zentrale Rolle in der internationalen Politik ein. Es gehörte zu den Gründungsmitgliedern der UNO, der NATO (Austritt 1966), des Europarats, der Montanunion und der Europäischen Wirtschaftsgemeinschaft, Vorläufer der EU. Gemeinsam mit Deutschland überwand man die „Erbfeindschaft“ und wurde Motor der europäischen Einigung. Diese gipfelt im Schengener Abkommen, mit dem die Grenzkontrollen zwischen den Teilnehmerländern weitgehend aufgehoben werden, und der Einführung des Euro als Gemeinschaftswährung. Nach 1945 verlor Frankreich aber auch – nach teils blutigen Konflikten – einen großen Teil der Kolonien. Übrig geblieben sind heute noch die vier überseeischen Regionen Guadeloupe, Martinique, Französisch-Guyana und La Réunion, die zum Kernland und damit zur EU zählen. Ferner gibt es einige angegliederte Territorien, Inseln und Antarktis-Regionen. ■

Die Eisenbahn in Frankreich

Die Anfänge

Bereits am 1. Oktober 1826 wurde die **erste Eisenbahnstrecke** in Frankreich eröffnet: von Saint-Étienne nach Andrézieux. Jedoch handelte es sich um eine Pferdeeisenbahn, da die Entwicklung von Dampflokomotiven noch nicht sehr fortgeschritten war und das Knowhow erst aus England importiert werden musste. Die 23 Kilometer lange Bahn wurde später bis Lyon verlängert. Ab 1832 wurden Lokomotiven eingesetzt. Sehr schnell entwickelte sich in Frankreich ein eigenes, von England unabhängiges Bahnwesen. Zwar wurden Pläne zur Erschließung des Landes per Schiene vorangetrieben, jedoch fehlte dem Staat das Geld. So übernahmen schließlich private Gesellschaften den Bau und Betrieb der ersten längeren Strecken. Durch die Übernahme von Staatsgarantien für die Erträge und die Infrastrukturkosten versuchte die Regierung gleichwohl Einfluss auf den Bahnbau zu nehmen, was ihr schließlich auch gelang. So wurden zunächst die Projekte in Angriff genommen, die neben einer hohen Kapitalverzinsung einen volkswirtschaftlichen Nutzen versprachen. In der

Blick in die Halle von Paris Gare du Nord: TGV, Thalys und Eurostar in dichter Folge prägen die moderne SNCF – in der gusseisernen Halle aus dem 19. Jahrhundert *K. A. Richter*

Folge entstanden – jeweils von Paris sternförmig ausgehend – sechs **große Gesellschaften**, die Frankreich zu einem Eisenbahnland machten.

„Les Grandes Compagnies"

P.L.M. Unter dem Namen „Compagnie des Chemins de fer Paris à Lyon & à la Méditerranée" (P.L.M.) firmierte eine der wichtigsten Eisenbahngesellschaften in Frankreich. Sie ging im Jahre 1858 aus der Fusion der Gesellschaften Paris-Lyon und Lyon-Méditerranée hervor. Ihre Hauptstrecke, die „Ligne Impériale", führte vom Gare de Lyon in Paris über Dijon und Lyon nach Marseille am Mittelmeer. Ruhm und Prestige erlangte die P.L.M. schon früh durch ihre berühmten Schnellzüge wie den „Mistral" (benannt nach dem gleichnamigen Südwind im Rhônetal). Zahlreiche Nebenlinien sorgten für eine flächenmäßige Erschließung des Alpenraumes und des Südens bis hin zur Tendalinie.

MIDI Die „Chemins de fer du Midi" war namensgemäß im Süden des Landes tätig. Sie betrieb die Hauptlinie von Bordeaux nach Hendaye an der spanischen Grenze sowie die Strecke über Toulouse nach Narbonne im Languedoc. Auch zahlreiche Zweiglinien wurden von ihr errichtet.

PO Unter den französischen Bahngesellschaften war „Paris – Orléans" sicherlich nicht die schillerndste, schließlich spielte sich der internationale Verkehr abseits ihrer Hauptroute Paris Gare d´Austerlitz – Orléans – Toulouse ab. Aber für die Erschließung der „Mitte" war sie von entscheidender Bedeutung. Zudem führten viele Abschnitte ihrer Hauptbahn mit langen Rampenstrecken durch schwieriges Gelände. So war sie schon früh gezwungen, besonders starke Loktypen zu bauen. Eine Vorreiterrolle spielte hier der geniale Lokkonstrukteur André Chapelon, dem viele wegweisende Entwicklungen zu verdanken sind. 1934 erfolgte der Zusammenschluss der P.O. und der MIDI zur P.O.MIDI.

NORD „La Compagnie du Chemin de fer du Nord", eine der größten und erfolgreichsten Eisenbahngesellschaften Frankreichs, war zugleich eine der ältesten. Von Paris ausgehend, errichtete sie ab 1845 zunächst die Strecken in Richtung der belgischen Grenze, nach Lille und Valenciennes. Auch die Verbindung zu den Kanalhäfen wurde von der „Nord" geschaffen. Großen Einfluss hatte von Anfang an die Familie Rothschild, die auch das nötige Kapital zur Verfügung stellte. Nachdem die Gesellschaft mit einigen kleineren Bahnen fusionierte, dominierte sie bis 1937 das gesamte Gebiet nördlich von Paris – von der Kanalküste bis zu den Ardennen. Charakteristisch wirken bis in die heutige Zeit die reich verzierten Bahnhofsgebäude der Compagnie du Nord, wie z.B. in Cambrai. Aber auch in der Entwicklung von Dampfloks war „Nord" stets führend.

EST Im Jahre 1849 als „Compagnie du chemin de fer de Paris à Strasbourg" gegründet, nahm die Bahn ihren Ausgangspunkt im Pariser Gare de l´Est. Als weitere Strecken, so 1854 nach Mulhouse, hinzukamen, wurde der Name der Gesellschaft in „Compagnie de l'Est (EST)" geändert.

ETAT „Chemins de fer de l´Etat" (ETAT) bedeutet „Staatseisenbahn". Sie bediente hauptsächlich die Strecken von der Hauptstadt in die Bretagne und in die Normandie. Ihr Streckennetz reichte bis zur Atlantikküste nördlich von Bordeaux.

AL Nachdem Elsass und Lothringen nach dem Ersten Weltkrieg 1919 wieder an Frankreich fielen, ging aus der vormaligen „Reichseisenbahn Elsass-Lothringen" die staatliche Bahngesellschaft „Chemins de fer d´Alsace et de Lorraine", kurz AL, hervor. Sie betrieb das Eisenbahnnetz, das abweichend im Rechtsverkehr befahren wurde, mit dem vorhandenen Material weiter. Die AL war eine staatliche Eisenbahnverwaltung mit Sitz in Strasbourg.

Land der Viadukte

Der Bahnbau stellte Ingenieure wie Arbeiter oft vor schwere Aufgaben. Unwegsames Gelände, Gebirge oder tiefe Täler verlangten nicht selten **aufwändige Streckenführungen** mit etlichen Kunstbauten und trieben die Baukosten in die Höhe. Aus heutiger Sicht macht dieser Umstand das französische Bahnnetz besonders reizvoll, bietet es doch eine Vielzahl spektakulärer Bahnlinien. Mit Fug und Recht kann man Frankreich als das Land der Viadukte bezeichnen; eine kleine Auswahl folgt im Anschluss.

Die Verstaatlichung 1938

Zurück zur Bahngeschichte: Die fünf 1937 verbliebenen Gesellschaften sowie die AL wurden zum 1. Januar 1938 in der „Société Nationale de chemins de fer", kurz **SNCF**, zusammengefasst. An dieser Aktiengesellschaft hielt der Staat zunächst nur 51 Prozent der Anteile, der Rest entfiel auf die bisherigen Eigner. Diese Struktur war für 45 Jahre festgeschrieben. Übrigens begann in Frankreich schon in den 1930er-Jahren, eine große Stilllegungswelle unter den defizitären Nebenbahnen, besonders in den ländlichen Gebieten des Westens.

Loklegende der 50er-Jahre: „Fer à repasser", das „Bügeleisen", fuhr im Nordosten M.B.

Die Elektrifizierung

Bereits in den 1920er-Jahren erschien der Dampfbetrieb als zunehmend unwirtschaftlich, zumal die Entwicklung von Elektrolokomotiven weiter fortschritt. So entschieden sich einige Gesellschaften, ihr Hauptstreckennetz zu elektrifizieren, um einen schnelleren und kostengünstigeren Betrieb durchführen zu können. Erste Versuche hatte es bereits um 1900 gegeben, und zwar im Vorortverkehr von Paris (Stromschiene) sowie in den Pyrenäen mit 12 kV/16 2/3 Hz-Wechselstrom. Bei der flächenhaften Elektrifizierung bevorzugte die französische Regierung jedoch im Gegensatz zu Deutschland den relativ einfach zu handhabenden **Gleichstrom**, der mit einer Spannung von 1,5 kV eingespeist wurde. Zunächst wurden die Verbindungen in den Süden mit einer Fahrleitung ausgerüstet, so die Strecke von Paris-Montparnasse über Le Mans nach Bordeaux und weiter nach Irun, die Strecke Paris – Orléans – Limoges und als wichtigste Verbindung die PLM-Hauptroute Paris – Dijon – Lyon – Marseille. Bis 1955 kamen zahlreiche weitere Verbindungs- und Abzweigstrecken hinzu. Die Frühphase der Elektrifizierung ist heute noch einigen Strecken anzusehen, besitzen sie doch nach wie vor die Portal-Oberleitungsmasten der Anfangszeit.

Ende der 1940er-Jahre suchte die SNCF aus wirtschaftlichen Gründen nach Alternativen zur Gleichstrom-Elektrifizierung. Einen Ansatz fand sie in der französisch besetzten Zone Deutschlands in Baden auf der von Freiburg ausgehenden Höllental- und Dreiseenbahn. Hier führte die SNCF den Wechselstrombetrieb mit 20 kV/50Hz-Industriefrequenz fort, um

Ein Relikt der PLM ist die Höhenmarke an der Strecke Ambérieu – Culoz (o.). „Historische" Warnschilder an Bahnübergängen findet man zum Teil heute noch *MHZ (o.), M. Beitelsmann*

die gewonnenen Erkenntnisse im eigenen Land zu nutzen. Zunächst entstand ein eigenes Versuchsnetz in den Savoyer Alpen um Annecy und Annemasse. Die positiven Erfahrungen hierbei führten zu dem Entschluss, bei allen künftig zu elektrifizierenden Strecken **Wechselstrom** aus dem Landesnetz zu verwenden. Schon bald wurden zahlreiche Verbindungen besonders im Norden und Nordosten mit 25 kV/50Hz elektrifiziert,

allen voran die für den Montanverkehr wichtige Strecke von Thionville über Charleville-Mézières an die Kanalküste. Der Fahrdraht wurde bis ins Elsass, an die deutsche Grenze an der Saar und bis nach Luxemburg hinein verlegt. Die fortschreitende Beherrschbarkeit von Mehrsystemtechnik im Lokomotivbau führte dazu, dass Ergänzungsstrecken im Süden und Westen ebenfalls Wechselstromfahrleitungen erhielten, z.B. nach Brest, La Rochelle, Grenoble und bei der Strecke Marseille – Ventimiglia an der Côte d´Azur. Ebenso wurden alle Schnellfahrstrecken für den TGV mit Wechselstrom ausgerüstet. Heute, da nahezu das gesamte Hauptstreckennetz des Landes elektrisch betrieben wird, sind alle von Paris aus nach Süden und Südosten ausgehenden herkömmlichen Linien und deren Querverbindungen mit Gleichstrom elektrifiziert; das Netz im Norden und Nordosten sowie die Hochgeschwindigkeitsstrecken (LGV) weisen eine Wechselstrom-Ausrüstung auf.
Eine Episode blieb die **Stromschienen-Elektrifizierung** der Mont-Cenis-Linie von Chambéry nach Modane, die in den 1970er-Jahren auf Oberleitungsbetrieb umgestellt wurde; hingegen werden heute noch die schmalspurige „Pyrenäen-Métro“ von Villeneuve-St. Georges nach La Tour-de-Carol und in den Alpen auch die Strecke St. Gervais – Chamonix – Martigny (Schweiz) mit seitlicher Stromschiene betrieben.

Die Zeit nach 1945

Die schweren Zerstörungen aus dem Zweiten Weltkrieg konnte die SNCF – auch Dank der Hilfe der USA – recht bald überwinden. Knapp zehn Jahre nach Kriegsende brach die Staatsbahn dann zumindest symbolisch in ein neues Zeitalter auf: Im März 1955 erzielte eine sechsachsige Elektrolok den **Geschwindigkeits-Weltrekord** von 331 km/h; eine vierachsige Maschine blieb nur knapp darunter. Auch im regulären Fernverkehr ließ die SNCF mit neuen Entwicklungen aufhorchen: Dazu zählten die INOX-Leichstahl-Schnellzugwagen und mehr noch Schnellzüge wie der „Le Capitole“,

In den 30er-Jahren elektrifiziert wurde die Strecke Béziers – Clermont-Ferrand C. Wenger

Sehr beliebt sind Dampfsonderfahrten mit der 141 R, hier in den Cevennen *M. Tueshaus*

der ab 1962 planmäßig Tempo 200 fuhr. Der reine 1.-Klasse-Schnellzug legte damit die Strecke Paris – Toulouse in nie gekannter Zeit zurück. Mit **neuen Entwicklungen** – etwa dem Gasturbinenzug Turbotrain – erhielten auch nicht elektrifizierte Fernverbindungen schnelle und komfortable Verbindungen.
Von anderen Betriebsformen verabschiedete sich die SNCF hingegen. Der Bestand an Dampfloks, Ende der 40er-Jahre noch mit umfangreichen Importen der US-amerikanischen 141 R aufgestockt, wurde ab den 50er-Jahren schrittweise zurückgefahren. 1971 rollte die letzte Maschine in den Schuppen. Schon vorher waren zahlreiche, oft schmalspurige Sekundär- und Nebenbahnen stillgelegt worden.
War das französische Bahnnetz schon damals nicht unbedingt das dichteste Europas, wurde es nun besonders im Westen und Süden sehr weitmaschig.
In den 80er- und 90er-Jahren ging die SNCF daran, das Land mit einem neuen Hochgeschwindigkeitszug und Neubaustrecken zu erschließen: Der **TGV** wurde zum Markenzeichen der modernen Staatsbahn – mehr dazu in einem eigenen Kapitel.
Am 31. Dezember 1992 schließlich wurde die SNCF in eine rein staatliche und gemeinnützige Organisation umgewandelt. Zwei Jahre später erhielt das Netz eine bedeutende Erweiterung, als mit der Eröffnung des Kanaltunnels Zugverbindungen von und nach Großbritannien ermöglicht wurden.

Die SNCF heute

Inzwischen jedoch hat die europaweite **Bahnreform** auch Frankreich erfasst. Die SNCF wurde in die Sparten Grandes Lignes (Fernverkehr, GL), Regionalverkehr (TER) und Güterverkehr (Fret) aufgliedert. Seit 1997 wird die Infrastruktur des Bahnnetzes von der Gesellschaft RFF (Réseau ferré de France) betrieben. Seit dem 15. März 2003 steht das Netz den EU-Vorgaben zufolge privaten in- oder ausländischen Eisenbahnverkehrsunternehmen offen, jedoch wird bis heute nur selten davon Gebrauch gemacht – sicher auch, weil die starken Gewerkschaften die Netzöffnung aus Angst vor Entlassungen bekämpfen. Erst im Februar 2004 wurde das erste private Eisenbahnverkehrsunternehmen in Frankreich zugelassen – ein Ableger der Eurotunnel-Gesellschaft. 2005 aber erhielten drei weitere Privatbahnen die Zulassung für den Güterverkehr. So bleibt abzuwarten, wie sich die Bahnstruktur in Frankreich in den nächsten Jahren entwickelt. ■

Info: Die SNCF in Zahlen

Gegründet:	01.01.1938
Länge des Netzes:	32.000 km
Elektrifizierte Strecken:	14.500 km
Hochgeschwindigkeitsstrecken (LGV):	1.500 km
Beschäftigte:	180.000

(Stand 01.01.2005)

Top-Ten der Viadukte

1

2

3

4

1) Viaduc de Garabit
Strecke: Neussargues – Béziers
Länge: 565 Meter
Höhe: 122 Meter
Baujahr: 1884
Erbauer: Gustave Eiffel
Besonderheit: Mittelbogen 164 x 57 Meter; Viadukt ist bei Nacht erleuchtet

2) Viaduc de Chaumont
Strecke: Chaumont – Troyes (Paris – Basel)
Länge: 650 Meter
Höhe: 50 Meter
Baujahr: 1856
Erbauer: Eugène Decomble
Besonderheit: 40 Pfeiler, 3 Bogenreihen

3) Viaduc de Chamborigaud
Strecke: Nîmes – Clermont-Ferrand
Länge: 387 Meter
Höhe: 60 Meter
Baujahr: 1867
Erbauer: Dombre
Besonderheit: 28 Bögen in einer Kurve gelegen; überspannt zwei Talabschnitte

4) Viaduc de Viaur (Tanus)
Strecke: Albi – Rodez
Länge: 410 Meter
Höhe: 115 Meter
Baujahr: 1902
Spannweite: 220 Meter
Erbauer: Ingenieur-Büro Gustave Eiffel

5) Viaduc de Caronte, Martigues
Strecke: Marseille – Miramas
Länge: 943 Meter
Höhe: 25 Meter
Baujahr: 1914
Besonderheit: drehbares Mittelteil (114 Meter) zum Passieren von Hochseeschiffen

6) Pont du Gisclard (Cassagne-Brücke)
Strecke: Ligne de Cerdagne
Länge: 253 Meter
Höhe: 62 Meter (Pylone)
Baujahr: 1909
Besonderheit: Hängebrücke (bahntechnisch einmalig)
Während der Belastungstests an der Cassagne-Brücke entgleiste am 31.10.1909 der Testzug und tötete sechs Menschen, darunter den Ingenieur Albert Gisclard.

7) Viaduc de Anthéor Plage
Strecke: Menton – Nice – Marseille
Länge: 165 Meter
Höhe: 56 Meter
Baujahr: 1863
Besonderheit: sehr fotogen; lässt sich zu allen Tageszeiten und von allen Seiten fotografieren

Aufnahmen:
M. Beitelsmann (Nr. 7, 8),
C. Wenger (Nr. 2-6, 9/10),
M. Hinzmann (Nr. 1)

8) Cubzac – Pont de Dordogne
Strecke: Bordeaux – La Rochelle
Länge: 2.178 Meter
Höhe: 21,8 Meter
Baujahr: 1869
Erbauer: Gérard Prompt
Besonderheit: längste Eisenbahnbrücke Frankreichs

8

9) Cize-Bolozon – Viaduc de l'Ain
Strecke: Bourg-en-Bresse – St-Claude
Länge: 273 Meter
Höhe: 73 Meter
Baujahr: 1875
Erbauer: J. Humbert
Besonderheit: untere Ebene als Straßenbrücke errichtet; sehr fotogener Viadukt; lässt sich zu allen Tageszeiten und von allen Seiten fotografieren

9

10) Viaduc des Fades
Strecke: Volvic – Lapeyrouse
Länge: 470 Meter
Höhe: 132 Meter
Baujahr: 1909
Erbauer: Félix Virard
Besonderheit: Pfeilerhöhe 92 Meter; jahrzehntelang Weltrekord, bis 1976 höchste Brücke Europas; Spannweite 144 Meter

10

Anmerkung:
Die Standorte der Viadukte sind auf der Streckenkarte ab Seite 184 eingezeichnet.

Fahrzeuge in Frankreich

Die SNCF hatten im Jahr 2005 etwa 2.100 Elektroloks, 1.700 Dieselloks, 400 TGV-Züge, 1.200 sonstige Elektrotriebwagen und 1.000 Dieseltriebwagen im Bestand. Sie verteilten sich auf 36 Dépôts, davon ein Drittel im Raum Paris. Die Fahrzeuge wurden in fünf Ausbesserungswerken gewartet. Entscheidend für den Elektrolok-Sektor war die Umstellung auf Wechselstrom bei allen neuen Elektrifizierungen ab Anfang der 50er-Jahre. Dieses betraf zwar ein zusammenhängendes Netz im Nordosten Frankreichs, später kamen aber auch einzelne isoliert gelegene Strecken hinzu. Fazit war die Einrichtung etlicher Systemwechselstellen. So mussten neben den reinen Gleichstrom- und Wechselstromloks auch zahlreiche Mehrsystemlokomotiven gebaut werden. Manch eine Baureihe wurde in allen drei Varianten gebaut, so z. B. die BB9200, BB16000 und die BB25100.

Das Nummernschema der SNCF

Die Nummerierung der Fahrzeuge war dabei überschaubar gegliedert: **Elektroloks** bekamen die Nummerngruppen 1 bis 499999, die jeweilige Achsfolge vorangesetzt. Dabei wurden bis zu

Die Elektroloks BB15000 sind noch die Stars im Wechselstromnetz im Osten des Landes – bis die neue TGV-Linie in Betrieb geht C. Wenger

vierstellige Nummern für Gleichstromloks reserviert, Wechselstromloks wurden in die 10.000er-Nummerngruppe eingereiht, es folgten die Zwei-, Drei- und Viersystemloks. In die 60.000er- und 70.000er-Nummerngruppen wurden die **Streckendieselloks** eingereiht. Dieseltriebwagen, Kleinloks und Elektrotriebwagen erhielten eigene Nummernserien, anstelle der Achsfolge wurde ein x, y oder z vorangestellt. Die **TGV**-Triebköpfe sind zwar auch diesem Nummernschema unterworfen, da die Züge aber nicht getrennt werden, werden ganze Züge ja nach Alter und Technologie in eigene Nummerngruppen unterteilt. Diese Nummern sind auch größer an den Fahrzeugen angeschrieben.

Mit der Aufteilung auf verschiedene Geschäftsbereiche wurde ein **neues Baureihenschema** eingeführt, das aber nicht konsequent eingehalten wird und eher für Verwirrung sorgt. Die Umzeichnung der Fahrzeuge erfolgt sehr zögerlich. Die bisherigen Nummern werden auf sechs Stellen aufgefüllt, wobei die erste Ziffer den zugehörigen Geschäftsbereich angibt. Die 1 steht für den Fernverkehr „Grandes Lignes“, die 4 für Güterverkehr „Fret“, die 5 für Regionalverkehr „ter“ und die 6 für Netz und Gleisbau „Infra-

Vielfalt auch im Dieselbetrieb: Vor schweren Schnellzügen dominieren die CC72100 (o., bei Vesoul), im Nahverkehr kamen in den letzten Jahren viele moderne Fahrzeuge hinzu (u., x73500 in Aspres-sur-Buëch) C.W. (o.), M.B.

structure". Dadurch werden einst homogene Baureihen aufgeteilt: Die BB92000 zum Beispiel tauchen nun als 109000 und als 409000 auf. Wir verwenden der Übersichtlichkeit halber das alte Schema, auch wenn dann neuere Baureihen, die ab Auslieferung die neuen Nummern tragen, in das alte Schema übersetzt werden.

Farbschema

Die Lackierung der Fahrzeuge war nie ganz einheitlich, es gab immer nur grobe aktuell gültige Grundmuster. **Elektroloks** wurden lange Jahre grün lackiert, wobei der Farbton recht unterschiedlich ausfallen konnte. Mit Aufkommen der stärkeren und schnelleren BB15000 und CC6500 wurde es ab Ende der 60er-Jahre etwas bunter: Die rot/orange/graue so genannte TEE-Lackierung wurde eingeführt. In Abwandlung dazu wurden die anderen Elektroloks bis auf die Altbauloks und die CC7100 im bekannten Grau mit orangefarbenem Absetzstreifen lackiert – dem „Betongrau". Starzüge wie der legendäre „Mistral" hatten auch eigene Lackierungen. **Streckendieselloks** blieben bis in die 90er-Jahre blau, Rangier- und Güterzugloks wurden grün, später grün/orange lackiert. **Regionalverkehrstriebwagen** waren Rot/Beige, später Blau/Weiß. Mit zunehmender Mitsprache der Regionen beim Regionalverkehr wurden die Wagen in Weiß mit einer der Region entsprechenden Farbe am Fensterband (rot, gelb, blau oder grün) lackiert. Aufgrund von Umbeheimatungen und zahlreichen Einsätzen in Nachbarregionen gab es hier recht bunte Zugkompositionen. So wurden die nicht so zahlreich vorhandenen RGP x2700 in drei verschiedenen Varianten eingesetzt; nachdem diese im Alpenraum zusammengezogen wurden, gab es Dreifachtraktionen mit allen drei Farbvarianten. **Ferntriebwagen** wurden, sofern nicht im TEE-Dienst eingesetzt, orange lackiert. Dieses Farbschema blieb den „Turbotrains" bis zum Ende erhalten. **TGV-Züge** wurden mit Erscheinen der Einheiten für den TGV Atlantique blau/silber lackiert, die älteren

Am Tor zur Provence: Ein Zug Briançon – Marseille im Bahnhof Serres *C. Wenger*

Der TGV Duplex vereint Höchstgeschwindigkeit und große Kapazität. Er befährt vor allem die Strecke Paris – Lyon – Marseille M.B.

(orangefarbenen) Garnituren wurden sukzessive umlackiert.
Mit Aufteilung auf die verschiedenen Geschäftsbereiche wurde ein gänzlich **neues Farbschema** Ende der 1990er-Jahre eingeführt. Der Regionalverkehr präsentiert sich in Dunkelblau, der Güterverkehr in Grün und der Fernverkehr in der hellblau/violetten Lackierung „En Voyage" („Auf Reisen"). Den Loks, die übergreifend eingesetzt werden sollen, bleibt die silber/rote „Multiservice"-Lackierung vorbehalten.

Die TGV-Story

Die Eisenbahn in Frankreich und der TGV – beides gehört untrennbar zusammen. Zudem ist der Begriff „TGV" zum Synonym geworden für Hochgeschwindigkeitsverkehr par excellence. Zum einen, weil der „Train à Grande Vitesse" (Hochgeschwindigkeitszug) seinem Namen mit schnellen Regelfahrten und einigen Rekorden alle Ehre macht. Zum anderen aber auch, weil nirgendwo sonst – Japan vielleicht ausgenommen – der Gedanke eines **Hochgeschwindigkeitsnetzes** so konsequent verfolgt wurde wie in Frankreich. Am 17. September 1981 eröffnete man die erste Schnellfahrstrecke (Ligne à Grande Vitesse, LGV); sie führte von Paris via Mâcon nach Lyon. Seitdem wurde das Netz auf 1.400 Kilometer erweitert. Heute verkehren über 300 TGV-Züge der unterschiedlichsten Bauarten durch Frankreich und in die Nachbarländer. Von Paris ausgehend, sind fast alle Regionen an das Hochgeschwindigkeitsnetz angeschlossen. Ein Grundprinzip ist, dass einzelne Züge nach Verlassen der Schnellfahrstrecke auf herkömmlichen Trassen weiter verkehren; auf diese Weise ist der TGV auch in Genf, Lausanne, Turin, Nice und an der Atlantikküste ein alltäglicher Anblick. In der Wintersaison

Beim Bau der TGV-Strecken nutzt die SNCF Diesellok-Veteranen, hier der Niederlande M.B.

Orange war die erste Farbgebung des TGV; sie wich inzwischen Silber und Blau C. Wenger

gibt es sogar durchgehende Eurostar-Züge von London bis in die französischen Alpen!

Den vorläufigen Abschluss der Entwicklung stellte im Jahr 2000 die Eröffnung der Route Valence – Marseille (LGV Méditerranée) dar, durch die das Mittelmeer nur noch drei Stunden von Paris entfernt ist. Bereits im Bau befindet sich die LGV Est nach Metz und Strasbourg, der TGV wird in Kürze schon deutsches Gebiet erreichen.

Die TGV-Züge

Zu Beginn der TGV-Planungen dachte man an einen Gasturbinenzug. 1972 wurde TGV 001 folglich als „Turbotrain" der Öffentlichkeit präsentiert. Der fünfteilige Zug besaß in etwa schon die Kopfform der Serienfahrzeuge, auch Jacobs-Drehgestelle fanden Verwendung Am 8. Dezember 1972 erreichte TGV 001 die Rekordgeschwindigkeit von 318 km/h, jedoch wurde zuvor bereits – nicht zuletzt wegen gestiegener Ölpreise – entschieden, auf elektrischen Antrieb zu setzen.

TGV-PSE (Paris – Sud Est)

Für die erste Strecke nach Lyon beschaffte die SNCF bei Alsthom ab 1980 insgesamt 108 Garnituren, bestehend aus acht Mittelwagen und zwei Triebköpfen. Die Höchstgeschwindigkeit betrug 270 km/h, heute sind die Züge 300 km/h schnell. Die Mittelwagen ruhen auf Jacobs-Drehgestellen. Die Züge waren ursprünglich orange lackiert; einige TGV besitzen auch die elektrische Ausrüstung für das Schweizer Wechselstrom-Netz.

TGV-A (Atlantique)

Für die am 24. September 1989 eröffnete Strecke in Richtung Atlantikküste wurde ein weiter entwickelter TGV auf die Schienen gesetzt, der zehn Mittelwagen mit sich führt. Die 105 Garnituren haben eine höhere Leistung als der TGV PSE, so dass die maximale Geschwindigkeit auf 300 km/h erhöht werden konnte. Und nicht nur das: Bei Versuchsfahrten erreichte der speziell hergerichtete TGV Nr. 325 am 18. März 1990 den heute noch gültigen Weltrekord für Schienenfahrzeuge von 515,3 km/h!

TGV-R (Réseau)

Als „Réseau" (= Netz) wird die Weiterentwicklung der TGV-A-Züge bezeichnet, die auf allen Hochgeschwindigkeitsstrecken der SNCF freizügig eingesetzt werden können. Die Zahl der Mittelwagen wurde bei diesem Fahrzeugtyp wieder auf acht reduziert; 90 Garnituren wurden in Dienst gestellt.

Eurostar (TMST)

Als „Trans Manche Super Trains“ (trans manche = durch den Ärmelkanal) werden die 38 Züge bezeichnet, die seit 1994 die Verbindung zwischen Paris und London sowie Brüssel und London darstellen. Eine gemeinsame Projektgruppe der beteiligten Bahngesellschaften entwickelte den Eurostar, der den verschiedenen Sicherungssystemen und dem kleineren britischen Lichtraumprofil entsprechen musste. Nicht nur das: Neben den verschiedenen Fahrleitungsspannungen mussten die Züge auch mit einer 750-V-Stromschiene ausgerüstet werden, um auf der herkömmlichen Strecke zwischen Dover und London Victoria Station zu verkehren – mit 160 km/h Höchstgeschwindigkeit. Eine Neubaustrecke ist noch im Bau. Zwischen den Triebköpfen mit ihrem charakteristischen Design befinden sich 18 deutlich kürzere Mittelwagen.

Thalys

Zum Einsatz auf internationalen Bahnstrecken, vor allem in die Benelux-Länder und nach Deutschland, wurde der Thalys gebaut, der unter verschiedenen Strom- und Sicherungssystemen fahren kann. Der Thalys PBA (Paris – Brüssel – Amsterdam) entspricht technisch dem TGV-A; der Thalys PBKA (Paris – Brüssel – Köln – Amsterdam) erhielt eine neue Kopfform. Vom Thalys PBA sind zehn Garnituren, vom Thalys PBKA insgesamt 17 Züge im Einsatz, von denen einige buchmäßig der DB bzw. den Belgischen Eisenbahnen gehören.

TGV-2N

Parallel zum Bau der Strecke Lyon – Marseille, für die man eine höhere Auslastung erwartete, wurde ein zweistöckiger TGV entwickelt: der TGV Duplex oder auch TGV 2N (2N steht für deux niveaux – zwei Ebenen). Dieser erwies sich als so erfolgreich, dass es bereits mehrere Nachbestellungen gab. Im Herbst 2005 waren 89 Einheiten im Einsatz; weitere Mittelwagen sind im Bau, die mit Réseau-Triebköpfen gekoppelt werden sollen.

Das LGV-Netz

Wie aber kommt es dazu, dass ausgerechnet in Frankreich innerhalb relativ kurzer Zeit ein so weit reichendes Netz von

Der TGV ist im Netz freizügig verwendbar – auch auf eng trassierten Strecken wie nach Genf und Turin M.B.

Schnellverkehrs-, das heißt Hochgeschwindigkeitsstrecken gebaut werden konnte? Dazu muss man wissen, dass die zentralistische Verwaltungsstruktur des Landes die Genehmigung von Großprojekten außerordentlich begünstigt. Mit einer „Déclaration d'Utilisation", einer Gemeinnützigkeitserklärung, erhält ein Projekt höchste staatliche Förderung.
Bereits bei der ersten Schnellfahrstrecke, Paris – Lyon, stellte sich sofort der wirtschaftliche Erfolg ein. Die Fahrgastzahlen stiegen um ein Mehrfaches. Anlass genug, das Netz Schritt für Schritt auszubauen.
Die zweite Verbindung von Paris in Richtung Atlantikküste ermöglichte 1989 erstmals planmäßige Geschwindigkeiten von 300 km/h im Regelbetrieb – womit Frankreich neben Japan eine weltweite Spitzenstellung innehat.
Eng verknüpft mit dem Bau des Kanaltunnels nach Großbritannien war die Errichtung der LGV Nord von Paris über Lille nach Calais, wo der Tunnel beginnt. Sie wird mit den Eurostar-Zügen mit Tempo 300 befahren. In Lille zweigt die internationale Trasse über Belgien in die Niederlande und nach Deutschland ab, eine Domäne der eleganten Thalys-Züge.

Bei Le Creusot (Bourgogne) entstand eine der modernen TGV-Stationen *MHZ*

Weitere Strecken sind im Bau bzw. in der **Planung**; Große Bedeutung hat hierbei der Bau der LGV Est, die endlich auch Elsass und Lothringen an den Hochgeschwindigkeitsverkehr anschließen wird. Bereits 2007 soll der erste Abschnitt bis zum neuen Bahnhof Gare Lorraine (zwischen Metz und Nancy) eröffnet werden; die Verlängerung nach Strasbourg wird dagegen noch einige Jahre mehr in Anspruch nehmen. Bis dahin dürfte der TGV auf Altbaustrecken Richtung Deutschland rollen; für Juni 2007 ist nämlich sein Einsatz auf der Strecke Paris – Strasbourg – Stuttgart vorgesehen. Im Gegenzug kommt der ICE 3 von Frankfurt (Main) via Saarbrücken nach Paris.
Wo wir schon bei den Flaggschiffen von SNCF und DB sind: Die **TGV-Fahrt** lässt sich mit Reisen im ICE nur bedingt vergleichen. Das Raumangebot ist deutlich beengter, auch sorgen die kurven- und steigungsreich trassierten Linien für ein gewisses Achterbahn-Feeling; dafür ist der Service am Platz besser als im ICE. Eine Platzreservierung ist obligatorisch; sie kann jedoch oft noch wenige Minuten vor der Abfahrt vorgenommen werden. ■

Info: Einige ausgewählte Fahrzeiten des TGV

Paris – Dijon	314 km	1:38 Std.
Paris – Lyon	521 km	1:55 Std.
Paris – Marseille	771 km	3:00 Std.
Paris – Le Mans	282 km	0:54 Std.
Paris – Bordeaux	585 km	2:56 Std.
Paris – Lille	219 km	1:01 Std.
Paris – London	465 km	2:35 Std.
Paris – Brüssel	305 km	1:25 Std.
Paris – Köln	504 km	3:51 Std.
London – Avignon	1.150 km	6:15 Std.

„En voyage“ – „auf Reisen; mit diesem Slogan wirbt die Fernverkehrssparte der SNCF für ihre Züge. Wer möchte da nicht gleich mitfahren? M. Beitelsmann

Bahnreisen in Frankreich

Dem schnellen Verkehr dienen die bereits vorgestellten Hochgeschwindigkeitsstrecken (LGV). Sie führen sternförmig von Paris aus in fast alle Landesteile; hier verkehren die TGV-Züge, nach Norden auch Thalys und Eurostar. Auch der übrige **Fernverkehr** des Landes ist nahezu vollständig auf die Hauptstadt ausgerichtet; so kommt es, dass viele kleinere Städte der Provinz mit einer Tages- oder Nachtzugverbindung von Paris aus zu erreichen sind. Die Transversalen und Diagonalen wie z.B. Nantes – Bordeaux oder Strasbourg – Lyon werden ebenfalls von Fernzügen befahren, wobei sich die Zugdichte sehr uneinheitlich darstellt.

Ein Faszinosum der Staatsbahn SNCF ist ihre Zweiseitigkeit: Zum einen reist man in hochmodernen Fernschnelltriebwagen, die auf Neubaustrecken kreuz und quer durchs Land jagen, zum anderen in Nahverkehrszügen, die – mal mit alten, mal mit neuen Fahrzeugen – durch die Provinz zuckeln und an verträumten Stationen einen Halt einlegen.

Paris und die Hauptstrecken

Unbestrittenes **Zentrum** des französischen Netzes ist die Hauptstadt Paris. Dort gibt es keinen zentralen Hauptbahnhof – die Züge fahren von insgesamt sechs größe-

Binnen weniger Stunden bringt der TGV Reisende aus Paris ans Mittelmeer, hier in Anthéor-Plage C. Wenger

Info: Fahrpläne

Faltblätter mit den Fahrzeiten einzelner Strecken sind in allen Bahnhöfen erhältlich. Ein Kursbuch wird hingegen von der SNCF nicht herausgegeben. Wer sich über den Zugverkehr in ganz Frankreich informieren will, sei auf den Kursbuch-Laden im Schweizer St. Gallen verwiesen (http://www.timetables.ch). Aber auch im Internet kann man einfach, schnell und bequem alle Fahrzeiten und Fahrpläne aufrufen, sogar von Regionalverbindungen, sodass einer vernünftigen Reiseplanung nichts im Wege steht. TGV-Verbindungen lassen sich am besten unter www.tgv.com finden, das Nahverkehrsangebot ist unter www.ter-sncf.com erhältlich (es handelt sich dabei um die oben genannten Faltblätter im PDF-Format). Allgemein sind die Fahrpläne der SNCF noch unter www.sncf.com zu finden; zum Teil sind die Seiten auf deutsch verfasst.

ren Kopfbahnhöfen in alle Himmelsrichtungen ab (siehe auch Region Île-de-France). Untereinander sind diese Stationen nur durch die Métro und die RER-Züge verbunden. Bei Fahrscheinen für die Weiterfahrt über einen anderen Kopfbahnhof ist der Transfer nicht inklusive – die Fahrscheine für die Benutzung des städtischen Nahverkehrs müssen extra am Automaten gekauft werden. Apropos Fernbahnhöfe: In Frankreich wird der genaue Abfahrtsbahnsteig eines Zuges erst kurz vor der Abfahrt angezeigt; das Bahnpersonal oder Informationstafeln weisen aber stets den richtigen Weg.
Neben den Routen von und nach Paris werden die meisten Hauptstrecken auch von komfortablen Schnellzügen befahren, **Express** genannt. Diese Züge bestehen meist aus den schönen Corail-Wagen. Um

auf Verbindungen, die (noch) nicht von den schnellen TGV bedient werden, höheren Komfort zu bieten, entwickelte die SNCF Ende 2003 das **TÉOZ-Konzept** – Corail-Waggons mit einer neu gestalteten Innenausstattung und ansprechender Außenlackierung. TÉOZ-Züge verkehren von Paris nach Clermont-Ferrand und nach Strasbourg, nach Brive über Limoges und von Bordeaux nach Nice. Eine Ausweitung der Verbindungen ist in Vorbereitung. Bei allen TÉOZ-Zügen ist eine Platzreservierung obligatorisch. Nachtzüge und Autoreisezüge verbinden ferner Paris mit dem gesamten Süden, speziell auch in der Wintersaison mit den Urlaubsgebieten der Alpen.

Abseits der Hauptstrecken

Durch die Größe des Landes und die großen Entfernungen zu den Urlaubsregionen bieten Bahnfahrten generell ein entspanntes Reisen – mit dem Auto ist man oftmals nicht schneller. Vor allem werden mit der Bahn auch Regionen erschlossen, die schwer zugänglich sind und die eine faszinierende Landschaft oder atemberaubende Kunstbauten bieten, die der Reisende sonst nicht kennen gelernt hätte. So führt die Verbindung Clermont-Ferrand – Nîmes im Zentralmassiv durch die nahezu unberührte, wild zerklüftete Schlucht des Flusses Allier – mit dem Auto überhaupt nicht zu erreichen.

Leider ist die **Zugdichte** abseits der Ballungsräume bei weitem nicht so hoch wie etwa in Deutschland, weder im Fern- noch im Nahverkehr. Züge im Ein- oder Zweistundentakt sind in der Fläche völlig unbekannt, viele zum Teil auch sehr lange Strecken bieten nur drei bis vier Zugpaare pro Tag, oft nach Verkehrstagen unterteilt oder saisonal stark schwankend. Eine Bahnreise abseits der Hauptrouten will daher gut geplant sein. Man kann aber auch aus den uneinheitlichen Fahrzeiten einen Vorteil ziehen, bieten die Zugpausen doch eine gute Gelegenheit, in Ruhe Land und Leute kennen zu lernen.

i Info: Bahnangebote

Häufig werden im Internet befristet und kontingentiert sehr günstige Fahrkarten angeboten. So lässt sich z. B. für nur 20 Euro von Paris nach Toulouse reisen. Gruppen ab 9 Personen erhalten besonders günstige Konditionen. Mehr Informationen erhält man unter: www.sncf.com

„Persönliche“ Beratung

Schon die Bahn lohnt dies, denn sie befindet sich quasi noch im Vorstadium der wirtschaftlichen Reformen. Die **Rationalisierung** greift bislang nicht in

Entspanntes Reisen in Beaune (Bourgogne): Auch die Bahnhofskatze heißt die Fahrgäste willkommen *MHZ*

allzu großem Maße, sodass sich die SNCF vielerorts den Charme „alter Betriebszeiten“ bewahrt hat. Beispielsweise sind die Bahnhöfe in Frankreich weitgehend mit **Personal** besetzt. Dieses ist zumeist überaus freundlich und strahlt auch noch einen gewissen Stolz auf „seine“ Bahn aus. Die Sprachbarriere – nur wenige Franzosen bemühen sich, Englisch oder Deutsch zu sprechen – ist schnell überwunden, wenn die Eisenbahner dem interessierten Besucher bei allen Fragen rund um Bahn und Leute weiterhelfen können. Hilfreich ist hier im Übrigen unser kleines Wörterbuch mit diversen Begriffen aus dem Bahnalltag (siehe Kasten auf Seite 32).

In den großen Städten, vor allem in Paris, geht es viel anonymer zu – dennoch werden Fahrgäste am Schalter meist freundlich und kompetent beraten. Und Fremdsprachen werden hier auch gesprochen. Die meisten **Tickets**, besonders für den Nahverkehr und die städtischen Verkehrsmittel, sind jedoch fast ausschließlich am Automaten erhältlich.

Der **Nahverkehr** in Frankreich firmiert unter dem Kürzel „TER“, was soviel bedeutet wie „Transport Express Régional“. Die 22 Regionen treten hier – ähnlich wie in Deutschland – als Financier des Schienenpersonennahverkehrs auf und reden demzufolge auch bei Fahrplangestaltung und Vermarktung gehörig mit. Zeitweise wurden Fahrzeuge in ihrer Farbgebung an die jeweilige Region angepasst, auch existieren bestimmte spezielle Markenprodukte wie z.B. TER Métrolor, Transilien oder TER Rhin-Rhône. In der „Fläche“ verkehren meist Dieseltriebwagen, auf elektrischen Strecken häufig die bekannten zweiteiligen Z2-Triebwagen. Zunehmend werden in den Ballungsräumen neben den RRR-Wendezuggarnituren und älteren Elektrotriebwagen Doppelstock-Triebwagenzüge eingesetzt (TER2N). Privatbahnen wie in Deutschland sind in

Info: Fahrkartenkauf

An größeren Bahnhöfen sind die Schalter oft bis in den Abend besetzt. Fahrkarten für den Nahverkehr (TER) erhält man fast nur am Automaten. Einfach ist der Fahrkartenkauf im Internet – auch auf deutsch. Ein deutschsprachiges Call-Center in Strasbourg ist täglich 7-22 Uhr zu erreichen (Tel. 0033/892 35 35 36). Hier gibt es neben Fahrplan-Informationen die Möglichkeit zur Buchung.

Fahrkarten sind grundsätzlich am Bahnsteig vor der Benutzung des Zuges an den orangefarbenen Automaten (Composteur des billets) durch die Reisenden zu entwerten.

Wer möchte, kann die Fahrkarten übrigens auch schon in Deutschland erwerben. Über die Verkaufsstelle der SNCF in Köln sind sämtliche Tickets und Tarife erhältlich, die man in einem französischen Bahnhof erhält; hinzu kommt eine kompetente deutschsprachige Beratung. Die Bestellung von Fahrkarten ist telefonisch, per Fax oder per E-Mail möglich. Die Adresse lautet:

Französische Eisenbahnen SNCF
Rail Europe Verkaufsladen
Am Bahnhofsvorplatz 1; 50667 Köln
Tel. 0180/521 82 38 (0,12 Euro/Min.)
Fax 02 21/913 931 20
E-Mail: verkauf@raileurope.de
Öffnungszeiten:
Mo. – Fr.: 9.30 – 18.30 Uhr, Sa.: 10 – 14 Uhr.

Nachtzüge sind eine gute Alternative, um die großen Distanzen im Flächenland Frankreich per Bahn zurückzulegen. Szenerie im Bahnhof Culmont-Chalindrey (Champagne) MHZ

Frankreich (noch) nicht im Nahverkehr zu finden – die SNCF ist hier bis dato ein reiner Monopolbetrieb.

Ferienzeiten und andere Einflüsse

Besonders wichtig sind die Ferienzeiten in Frankreich: Der Franzose, besonders, wenn er aus dem Raum Paris kommt, macht gerne im eigenen Land Urlaub. Zu diesem Zweck setzen sich im Sommer zu Ferienbeginn ganze Heerscharen von Urlaubern nahezu gleichzeitig in Bewegung und verstopfen sämtliche Autobahnen zu den Küsten am Atlantik und am Mittelmeer. Auch die Fernzüge sind in dieser Zeit komplett überbelegt. Zum Ferienende wiederholt sich das ganze Schauspiel – nur in entgegengesetzter Richtung. Die **Sommerferien** dauern meist vom 1. Juli bis zum 31. August; für Auto- oder Zugfahrten sollten daher die Wochenenden Anfang Juli und Ende August/Anfang September, wenn irgend möglich, gemieden werden.

! Tipp: Kombiniertes Reisen mit Auto und Zug

Aufgrund der teils recht ausgedünnten Fahrpläne empfiehlt es sich, sowohl den Zug als auch das Auto zu nutzen, um Frankreichs Eisenbahnen kennen zu lernen. Insbesondere für Fotofreunde ist es ratsam, eine Strecke mit dem Zug abzufahren und dann – soweit möglich – die interessanten Stellen mit dem Auto aufzusuchen; zum Teil ist dies auch gar nicht anders möglich.
Wer die langen Distanzen im Flächenland Frankreich nicht mit dem Auto zurücklegen möchte, hat die Möglichkeit, vor Ort einen Leihwagen zu mieten. In allen größeren Städten sind die Autovermieter oft unmittelbar in Bahnhofsnähe zu finden.
Eine weitere Alternative ist, das eigene Auto per Autozug aus Deutschland mitzubringen. Die Autoreisezüge der DB verkehren in den Hauptreisezeiten von verschiedenen deutschen Städten (u. a. Düsseldorf, Berlin, Frankfurt (M), München) nach Narbonne, Avignon und Fréjus. Der reguläre Preis ist zwar recht hoch, andererseits lohnt die entspannte Anreise. Immer wieder gibt es auch Sonderangebote.

Info: Kleines Wörterbuch für Eisenbahn-Reisen

Aiguille ... Weiche
Arrivé ... Ankunft
Autocar ... Bus
Autorail ... Schienenbus/Triebwagen
Bagage ... Gepäck
Billet ... Fahrkarte
Caténaire ... Oberleitung
Chantier ... Baustelle
Chemin de fer ... Eisenbahn
Cheminot ... Eisenbahner
Conducteur de machine ... Lokführer
Contrôleur ... Schaffner
Correspondance ... Anschluss
Courant continu ... Gleichstrom
de lundi à vendredi ... montags bis freitags
Départ ... Abfahrt
Dépôt ... Betriebswerk
Dimanche et fêtes ... sonn- und feiertags
EAD (Eléments Automoteurs doubles) ... Triebwagen Typ Caravelle (x4500)
Excursion ... Ausflug
Fourgon ... Gepäckwagen
Fret ... Fracht (auch: Güterverkehrssparte der SNCF)
Gare ... Bahnhof
Gare centrale ... Hauptbahnhof
Gare de bifurcation ... Abzweigbahnhof
Gare frontière ... Grenzbahnhof
Grandes Lignes (GL) ... Fernverkehrssparte der SNCF („Hauptlinien")
Grève ... Streik
Guichet ... Schalter
Horaire ... Fahrplan
Indicateur ... Kursbuch
Jour de fête ... Feiertag
Ligne à grande vitesse (LGV) ... Hochgeschwindigkeitsstrecke
Locomotive à vapeur ... Dampflok
Locomotive bicourant ... Zweisystemlok
Locomotive électrique ... Elektrolokomotive
Métro ... U-Bahn
Passage à niveau ... Bahnübergang
Période de circulation ... Zugverkehrszeit
Quai ... Bahnsteig
Rail ... Schiene
Rame ... Zuggarnitur
Rame à deux niveaux ... Doppelstockwagen
Rapide ... Schnellzug
RER ... Pariser S-Bahn-Linien
Réseau ... Netz
Réservation obligatoire ... Reservierungspflicht
RGP (Rame à Grand Parcours) ... Fernverkehrs-Triebwagen (x2700)
RRR (Rame régionale réversible) ... Nahverkehrs-Wendezug
Sémaphore ... Formsignal
Signal d´arrêt ... Haltesignal
Supplément ... Zuschlag
TER (Transport Express Régional) ... Regionalverkehr
TER 2N ... Doppelstock-Nahverkehrstriebwagen
Terminus ... Endstation
TGV (Train à grande vitesse) ... Hochgeschwindigkeitszug
TGV duplex ... Doppelstock-TGV
tous les jours ... täglich
Train ... Zug
Train de banlieue ... Vorortzug
Train de marchandises ... Güterzug
Train touristique ... Museumszug
Tramway ... Straßenbahn
Triage ... Rangierbahnhof
Un train peut en cacher un autre ... Ein Zug kann dem nächsten folgen (an Bahnübergängen)
Vacances ... Urlaubsreisen, Ferien
Voie ... Gleis
Voiture ... Wagen
Voiture à deux niveaux ... Doppelstockwagen
Voiture-lits ... Schlafwagen
Voiture-couchettes ... Liegewagen
Voyage ... Reise
Voyageur ... Reisender
Wagon ... Waggon
Wagon-restaurant ... Speisewagen

Einige Regionen wie hier die Franche-Comté unterstützten die SNCF beim Kauf neuer Fahrzeuge. Die Zugführerin des x73500 und der Fahrdienstleiter besprechen sich im Bahnhof Morez *MHZ*

Info: Weitere Adressen im Internet

Allgemeine Informationen über die 22 Regionen Frankreichs bietet:
http://www.bonne-france.de/
Diese Webseiten enthalten Beschreibungen der Regionen (mit Bildern) sowie Reiseangebote und Informationen zum Schutz bei Reisen.
Die Buchung von **Mietwagen** ist nur auf Internetseiten in Englisch bzw. Französisch möglich, beispielsweise bei:
http://www.france-car-hire-rental.com/
http://www.rentacar.fr/new/uk/index.htm
Hotelbuchungen sind außer bei Logis-de-France (s. Seite 34) noch möglich unter
- http://www.weltweit-urlaub.de/hotels/frankreich/
- http://www.hotel-france.com/?modiflangue=de

Wer in Frankreich mit dem Zug unterwegs ist, sollte zudem die Bedeutung des Wortes „grève“ (**Streik**) nicht unterschätzen. Gestreikt wird dort weitaus häufiger als beispielsweise in Deutschland, und davon ist auch der Bahnverkehr betroffen. Die mit der Bahnreform verbundene betriebswirtschaftliche Ausrichtung der SNCF und die dadurch drohenden Entlassungen lösten bei den Eisenbahnern wiederholt Proteste und Widerstand aus. Meist wird noch ein gewisses Rumpfangebot gefahren, aber dennoch ist es ratsam, sich vor Reiseantritt am Schalter oder im Reisebüro zu informieren – womöglich bleiben nämlich nur Bus, Taxi oder Mietwagen.

Grandioses Panorama: die Verbindungsstrecke von Nice zur Tendabahn in den Seealpen C.W.

Speisen und übernachten

Im ganzen Land finden sich Übernachtungsangebote für fast jeden Geldbeutel. Gut, einfach und preiswert sind die **Gasthäuser** vor allem in kleineren Städten auf dem Lande, die meist auch noch eine vorzügliche Küche bieten. Hier gilt das Wort vom „Leben wie Gott in Frankreich“. Wohl keine andere Nation der Welt verwendet mehr Zeit, Geld und Liebe fürs Essen und Trinken. Die übliche Speise-Zeit ist der Abend ab ca. 20 Uhr; mittags sind die Restaurants oft geschlossen. Das Preisniveau ist sicherlich höher als etwa in Deutschland, aber preiswertere Angebote wie „plat du jour“ oder diverse reichhaltige Menus werden in nahezu jedem Lokal offeriert und sind eine gute Alternative zum Speisen „à la carte“.

Zurück zu den **Übernachtungsmöglichkeiten**: Hier ist unbedingt zu beachten, dass es in den vom Tourismus stark frequentierten Regionen wie an der Atlantik- und Mittelmeerküste besonders in den Sommermonaten zu Engpässen und deftigen Preiserhöhungen kommt. Das gleiche gilt sinngemäß auch für die Wintersportgebiete in den Alpen, und – außer im Juli und August – für Paris. Besonders empfehlenswert ist der Verbund „Logis de France“, in dem sich zahlreiche familiäre kleinere Hotels zusammen geschlossen haben. Ein zentrales Buchungssystem ist unter www.logis-de-france im Internet vorhanden. Anspruchslos, aber zweckmäßig sind die im ganzen Land zahlreich vertretenen Hotelketten Etap, Accor oder Formule 1.

Naturnäher sind die Campingplätze, die bevorzugt in touristischen Regionen anzutreffen sind. Auch für Caravans oder Wohnmobile ist hier – außer in den Sommerferien – meist reichlich Platz.

Einreise und Verständigung

Frankreich ist ein Land der Europäischen Union. Zur **Einreise** genügt für EU-Bürger und Schweizer ein Personalausweis, der noch mindestens drei Monate gültig ist; Grenzkontrollen gibt es im Regelfall nicht (Schengener Abkommen). Gültige Währung ist der Euro.

Wer die Hilfe der **Polizei** benötigt, muss wissen, dass es neben der örtlichen Gendarmerie auch die Police Municipale gibt. Nur Letztere ist für kriminelle Delikte und Strafverfolgung zuständig, während die Gendarmerie eher für die öffentliche Ordnung sorgt.
Wie erwähnt, ist es nicht ganz einfach, ohne **Französischkenntnisse** durch das Land zu reisen. Auch Englisch wird nicht überall gesprochen. Ein Wörterbuch ist daher notwendig. Ausgeglichen wird dies aber durch die sprichwörtliche Hilfsbereitschaft der Franzosen, die Reisende oft wie ihre eigenen Gäste behandeln. ■

! Bahn-Tipp: Das Eisenbahnmuseum Mulhouse

Unter den Eisenbahnmuseen in Frankreich nimmt jenes von Mulhouse im Elsass eine Sonderstellung ein, bietet es doch die umfassendste Dokumentation zu diesem Thema landesweit. Am 11. März 2005 wurde es nach einer Renovierung wieder eröffnet. Die völlig neu gestaltete Präsentation bezieht Licht und Dunkelheit mit ein, so dass die Loks und Züge besonders effektvoll erlebt werden können. Auf einer Fläche von 6.000 Quadratmetern laden sechs Themenkreise zu Streifzügen durch die französische Eisenbahngeschichte ein. Hierzu zählen auch der Nachbau eines historischen Bahnhofs, Wechselausstellungen und besondere Aktionen z.B. für Kinder.

An Exponaten sind besonders die Stromliniendampflok 232 U 1, die Dampflok 3.1192 NORD sowie die Rekordelektrolok BB 9004 hervorzuheben.
Geöffnet ist das Museum vom 1. November bis zum 4. Januar und vom 11. Januar bis zum 31. März jeweils von 10 bis 17 Uhr, vom 1. April bis zum 31. Oktober dann von 10 bis 18 Uhr. Am 25. Dezember ist das Museum geschlossen.
Adresse und Kontakt:
2 rue Alfred de Glehn, F-68200 Mulhouse, Tel. 00 33 / 3 89/ 42 83 33, Fax 42 41 82, Internet: http://www.citedutrain.com/cite_du_train/index.htm (Fotos: CH (2))

Die Regionen

Unvergleichlich ist für Reisende der Ausblick über das Mittelmeer zur Bucht von Marseille, wie man ihn von der alten PLM-Küstenstrecke aus hat. Zwischen l'Estaque und La Redonne passiert der Zug in dichter Folge Tunnels und Viadukte M. Beitelsmann

Bretagne

Nahverkehr à la Bretagne: Ein Triebwagen EAD in bretonischer Regional-Lackierung auf der kurzen Strecke zwischen Lannion und Plouaret C. Wenger

Region, Landschaft und Eisenbahn

Mit über 1.100 Kilometer Küstenlinie reicht die Bretagne in den Atlantischen Ozean hinein und ist von drei Seiten mit Wasser umgeben. Bei dieser langen Distanz zählen alle Einschnitte mit – die Luftlinie der Küste beläuft sich „nur“ auf etwa 600 Kilometer. Insgesamt wechseln sich eindrucksvolle Felsformationen mit feinen Sandstränden und fjordartigen Buchten ab. Klimatisch vom Meer begünstigt, gibt es milde Temperaturen im Winter wie im Sommer.
Geschichtlich hat die Region einen besonderen Status. Nach Besiedelung durch die wenig erforschten Urvölker und die Kelten wurde die Bretagne wie alle Regionen Frankreichs nach der Eroberung durch Julius Cäsar romanisiert. Im vierten Jahrhundert besiedelten die von den Angeln und Sachsen aus England vertriebenen Britonen die Region und erneuerten die keltische Kultur. Sie gaben der Halbinsel den Namen Klein-Britannien, woraus sich der heutige Name Bretagne ableitet. Diese keltische Kultur konnte, einer frühen Christianisierung und auch anderen äußeren Einflüssen zum Trotz, viele ihrer Eigenarten bis in die heutige Zeit hinüberretten. Die Angliederung an Frankreich erfolgte erst im Jahre 1532.
Der **Tourismus** ist zwar nicht vorwiegend auf Badeurlaub ausgerichtet, findet aber dennoch großenteils an der Küste statt. Besucher dieser Region verweilen dann oft auch nicht stationär an einem Ort, sondern bereisen ganze Küstenabschnitte, verbunden mit einigen Abstechern ins Landesinnere. Hierfür ist das Eisenbahnnetz, zumindest im näheren Hinterland der Küste, für französische Verhältnisse gut ausgebaut.
Zentrale Verkehrsader ist die mit Wechselstrom elektrifizierte Hauptstrecke von Paris nach Brest, über welche die Bretagne an das TGV-Netz angebunden ist. Der Reisende erreicht auf seiner Fahrt nach Westen über den nördlichen Ast des TGV-Atlantique zuerst **Rennes**, die Hauptstadt der Bretagne. Mit ihren 215.000 Einwohnern ist die am Zusammenfluss von Ille und Villaine gelegene Stadt das wirtschaftliche Zentrum der Region, in dem aktuell sogar ein U-Bahn-Netz entsteht. Die beiden Flüsse geben dem Département den Namen; dessen Präfektur ist ebenfalls in Rennes zu finden.

i Info: Bretagne

Fläche:	27.208 km²
Einwohnerzahl:	2.973.000
Hauptstadt:	Rennes

Départements: Côtes du Nord, Finistère, Ille-et-Villaine, Morbihan

Wichtige Bahnknoten: Rennes, Guingamp, Dol-de-Bretagne

Mehr im Internet unter :
http://www.tourismebretagne.com/index_de.cfm
http://www.formulesbretagne.com/de/index.cfm

Südlich von St-Malo dieselt dieser EAD durch das beschauliche Hinterland C. Wenger

Tourenvorschlag 1

Von Rennes durch die Bretagne

Von Rennes aus beginnen wir eine Rundreise durch die Region, zuerst nach Norden gewandt. Über den Knotenpunkt Dol-de Bretagne hinaus erreichen wir den Endbahnhof **St-Malo**.

Die Stadt geht auf eine gallo-römische Siedlung auf einer vorgelagerten Halbinsel zurück. Nach Missionierung durch den walisischen Mönch Maklou wuchs die Siedlung und dehnte sich aufs Festland aus. Gegen die drohenden Überfälle durch die Normannen wurde eine massive Wehrmauer errichtet. Blütezeit der Stadt war das 16. und 17. Jahrhundert. Gefürchtet bei englischen und holländischen Handelsschiffen waren die Freibeuter, die mit ihren schnellen und wendigen Schiffen von St-Malo aus auf Beutefahrt gingen. Einen Besuch wert ist das nah gelegene weltgrößte Gezeitenkraftwerk, das seine Energie aus dem Tidenhub in der Mündung des Flusses Rance bezieht.

Der wenige Kilometer östlich von St-Malo an der Grenze zur Normandie gelegene **Mont-Saint-Michel** präsentiert sich als eine Stadt im Meer, erbaut auf einem etwa einen Kilometer vor der Küste im Wattenmeer gelegenen, 80 Meter hohen Berg. Die Spitze bildet die Kirche des 966 gegründeten Klosters. Dieses wurde nach der französischen Revolution in ein Gefängnis umgewandelt und beherbergt erst seit 1969 wieder Mönche – trotz des Touristenrummels mit bis zu vier Millionen Besuchern im Jahr. Die gesamte Anlage ist ein Beispiel französischer Architektur des Mittelalters. Schon Victor Hugo setzte sich für einen Erhalt des Ensembles ein. 1874 zum nationalen Denkmal erklärt, folgte 1979 die Einstufung zum Weltkulturerbe. Früher war der Zugang zum Mont-Saint-Michel gezeitenabhängig, 1879 wurde dann ein Damm gebaut. Dieser verursachte jedoch eine Versandung der Bucht, so dass nach aktuellem Beschluss der Damm wie die zwischenzeitlich längsseits entstandenen Parkplätze abgetragen und durch eine über eine aufgeständerte Brücke verlaufende Versorgungsbahn ersetzt werden sollen. Die Vorgaben der Natur hierfür sind beachtlich: Es herrscht ein Tidenhub von bis zu 14 Metern.

Zurück über Dol geht die Reise weiter nach Westen. Die Nebenbahn über **Dinan** erreicht bei Lamballe wieder die Hauptbahn nach Brest. Wer sich für die Wehrmauern von St-Malo begeistern konnte, findet in Dinan weiteres Anschauungsmaterial, die Mauern der etwa 80 Meter über der Rance gelegenen Stadt stehen denen in St-Malo nicht nach. Der Hauptbahn folgend, erreicht man alsbald **St-Brieuc**, Hauptstadt des Départements Côtes-d'Armor, wo eine Stichstrecke ins südlich gelegene Loudéac abzweigt. An der Küste nordöstlich von St-Brieuc

In Morlaix dominiert der über 60 Meter hohe Viadukt das Stadtbild C. Wenger (2)

thront auf einem schmalen Felsvorsprung über dem Meer das Fort La Latte, eine mächtige, bis ins 17. Jahrhundert stetig ausgebaute Burg. Vier Kilometer nördlich und einen grandiosen Fußmarsch durch die Klippen entfernt liegt das Cap Fréhel, einer der schönsten Punkte der Bretagne: 70 Meter hohe, rot-schwarze Klippen über dunkelblauem, stets schaumgekröntem Meer, überragt von zwei Leuchttürmen.

Nächster Haltepunkt ist **Guingamp**, ein Bahnknoten mit Nebenbahnen nach Paimpol im Norden und Carhaix im Süden. Beide Strecken sind umgespurte Meterspurstrecken, die zum ehemaligen Réseau Breton, einem über 400 Kilometer langen Schmalspurnetz, gehörten. Den Betrieb auf diesen Strecken führt die CFTA, eine Tochtergesellschaft der SNCF.

Bei Dinan überquert die Bahn die tief ins Land eingeschnittene Mündung der Rance

Hier kommen die kleinsten Triebwagen der SNCF zum Einsatz: die zweiachsigen A2E-Schienenbusse x97151-x97153. Seit 1998 verkehren hier auch Dampfloks vor Zügen im sommerlichen Touristikverkehr.

! Bahn-Tipp: Vapeur du Trieux

Ende Mai bis Mitte September verkehren auf dem 17 Kilometer langen Abschnitt Pontrieux – Paimpol dampflokgeführte Touristikzüge. Zum Einsatz kommt die 1912 bei Henschel gebaute Schlepptenderlok 231K8. Veranstalter ist Connex Tradition. http://www.vapeurdutrieux.com/

Die folgenden Bahnhöfe sind **Plouaret** und **Morlaix**, von denen jeweils Nebenbahnen nach Lannion bzw. Roscoff an der Küste abzweigen. Somit ist die Küste für Reisende recht gut erreichbar. Das Binnenland ist durch die Strecken nach Loudéac und Carhaix erschlossen. Hier gibt es auch zahlreiche Sehenswürdigkeiten zu bestaunen. Einzigartig sind die bretonischen Kalvarienberge, Zeugen christlichen Glaubens, bei denen meist Kirche, Beinhaus und Triumphportal zu einem Ensemble zusammengefasst sind. Sie beinhalten eine Vielzahl an Figuren aus der Passionsgeschichte.
In Morlaix lohnt ein Rundgang durch den Ort mit seinen alten Häusern. Auch Eisenbahnfreunde kommen auf ihre Kosten: Der 1863 erbaute, 285 Meter lange und 62 Meter hohe Viadukt verläuft direkt oberhalb der Stadt. Ein Abstecher von Morlaix in die kleine Hafenstadt Roscoff ist Pflicht, der aus Granitgestein erbaute Ort ist ein typisches Beispiel für bretonische Architektur.

Über Brest und Quimper nach Redon

Die Küste erreicht man erst wieder bei **Brest** per Bahn. Die Stadt mit ihren 200.000 Einwohnern im Departement Finistère hat den bedeutendsten Atlantikhafen Frankreichs. Westlich von Brest ragt das Cap Finisterre – was soviel bedeutet wie: Ende der Welt – weit in den Atlantik hinaus. Leuchttürme und eine Klosterruine auf dem kahlen Fels prägen das eindrucksvolle Bild. Das Pendant, Pointe du Raz, liegt 100 Kilometer weiter südlich, schaut ein wenig weiter in den Atlantik hinaus und bildet somit den westlichsten Punkt Frankreichs. Die Küste zwischen den beiden Kaps bietet zahlreiche Buchten und Fischerdörfer, erwähnenswert sind hier Camaret sur Mer, Crozon und Douarnenez.
In Landernau östlich von Brest zweigt die Strecke nach Süden ab; bis **Quimper**, Préfecture des Départements Finistère, verläuft diese ohne Fahrdraht. Weiter in Richtung Südosten geht es unter Wechsel-

Links: Zwei modernisierte EAD an der Nahtstelle zur Halbinsel Quiberon. Rechts: Bei Lancerf südlich Paimpol windet sich die Bahn entlang der Mündung des Trieux *C. Wenger (2)*

Stimmungsvoll präsentiert sich der Mont-St-Michel im letzten Dämmerlicht *C. Wenger*

strom-Fahrdraht, nächste Stationen sind die Hafenstadt Lorient, Auray und Vannes, bevor der Knotenbahnhof **Redon** erreicht wird. Die einzige von dieser Strecke abzweigende Nebenbahn führt von Auray auf die Halbinsel **Quiberon** – allerdings ausschließlich in der Badesaison im Juli und im August. Die zehn Zugpaare bieten eine gute Alternative zur einzigen, in der Ferienzeit stets überlasteten Straße.

Im Vorland zu Quiberon liegt **Carnac**, ein Ort, der weltberühmt ist für seine unzähligen Menhire. Über 3.000 hoch aufrecht stehender Steine aus keltischer Zeit, einzelne Exemplare bis zu vier Meter hoch, bilden hier bis zu 1,5 Kilometer lange Reihen. Insgesamt drei solcher Anlagen gibt es bei Carnac.

Vannes, Hauptstadt des Départements Morbihan, lockt mit einmaliger, teilweise aus Fachwerkhäusern bestehender Bausubstanz. Das gesamte Stadtbild ist sehenswert, bekanntestes Einzelobjekt ist das Waschhaus.

Von Redon aus hat der Reisende dann die Wahl: Er kann zurück nach Rennes fahren oder weiter in die Region Pays-de-la-Loire in Richtung Nantes.

! Bahn-Tipp: Chemin de fer Touristique Auray – Pontivy

Von Auray aus führt eine Touristikbahn ins nördliche Pontivy, zum Einsatz kommen Triebwagen der SNCF.
www.train-blavet-ocean.com

Weithin sichtbar beherrscht die Kathedrale von Coutances das Panorama C. Wenger

Bei Mirville unterquert dieser Güterzug zu den Raffinerien bei Gravenchon die viel befahrene Strecke nach Le Havre C. Wenger

Info: Normandie

Basse Normandie

Fläche:	17.589 km²
Einwohnerzahl:	1.422.000
Hauptstadt:	Caen
Départements: Calvados, Manche, Orne	
Wichtige Bahnknoten: Folligny, Argentan	

Haute Normandie

Fläche:	12.317 km²
Einwohnerzahl:	1.800.000
Hauptstadt:	Rouen
Départements: Eure, Seine-Maritime	
Wichtige Bahnknoten: Rouen, Serqueux	

Mehr im Internet unter:
http://www.normandy-tourism.org/

Region, Landschaft und Eisenbahn

Die **Haute-Normandie** besteht aus dem unteren Seine-Gebiet mit zentral gelegener Hauptstadt Rouen (105.000 Einwohner), eine weitere bedeutende Stadt ist Le Havre (190.000 Einwohner) an der nördlichen Seine-Mündung. Die Region **Basse-Normandie** schließt sich nach Westen hin bis zur Halbinsel Cotentin mit der Hafenstadt Cherbourg an der Spitze an. Die Hauptstadt ist Caen (115.000 Einwohner). Die Küstenlinie der Normandie verläuft somit von Le Tréport im

Normandie

Osten bis zum Mont-St-Michel im Westen, die Landschaft ist flach bis sanft hügelig und wird landwirtschaftlich intensiv genutzt. Kühe und Schafe, graue Felsen, graue Häuser und grüne Wiesen prägen das Bild. Typisch sind vor allem auch die lieblichen, teils reetgedeckten Fachwerkhäuser, die in den Städten und Dörfern der Normandie ein romantisches, an England erinnerndes Bild ergeben. Die 1956 erfolgte verwaltungstechnische Aufteilung in zwei Regionen übergehend, behandeln wir diese historische Landschaft als Einheit, wobei der Schwerpunkt auf den Küstenregionen liegt.

Die Wikinger plünderten im Mittelalter immer wieder Teile der Normandie. Im Jahre 911 sprach das noch schwache Königshaus einigen Wikingern unter der Führung von Herzog Rollo die Normandie als Lehen zu, auf dass diese den Schutz der Region garantierten. Die aus Wikingern und Franzosen hervorgegangenen Normannen, Namensgeber der Region, eroberten unter William-the-Conqueror 1066 England, in der Folge war die Normandie zeitweise ein Teil Englands, ab 1204 gehörte sie endgültig zu Frankreich. Die Bahnlandschaft der Normandie ist geprägt durch die drei **Hauptbahnen** von

Wenige Kilometer vor dem Ziel strebt dieser Zug von Paris Granville entgegen C. Wenger

Paris nach Rouen und Le Havre, nach Cherbourg und nach Granville, von denen die ersten beiden mit Wechselstrom elektrifiziert sind. Einige Küstenorte sind an das Bahnnetz angeschlossen, ansonsten gibt es im Hinterland nicht viele Nebenbahnen. Eine der wenigen Transversalen Frankreichs ist die Strecke Amiens – Rouen – Alençon – Le Mans – Tours, abschnittsweise identisch mit einem Teilstück der Strecke nach Cherbourg.

Tourenvorschlag 2

Durch die Normandie

Unsere Reise durch die Normandie beginnt in **Le Tréport** im Departement Seine-Maritime an der Grenze zur Picardie. Die Küstenlinie bis Le Havre, auch Alabasterküste genannt, ist geprägt von unzähligen Felsklippen, bis zu 120 Meter hoch, oft umtost von starker Brandung. Eine Bahnlinie entlang der Küste gibt es nicht, von der Strecke nach Le Havre aus sind aber einige Küstenorte an das Bahnnetz angeschlossen. Bahnreisende müssen via Abancourt und Serqueux durchs Hinterland nach Rouen reisen. Die Hauptbahn von Paris über Rouen nach Le Havre bietet einen dichten Zugverkehr. Der südliche Abschnitt bis Rouen passt sich dem Verlauf der Seine an, einige Flussschleifen aussparend.

! Bahn-Tipp: Chemin de Fer de la Vallée de l'Eure

Diese Museumsbahn verkehrt auf dem 15 Kilometer langen Streckenstück zwischen Cocherel und Breuilpont durch eine freundliche Landschaft einige Kilometer südlich der Hauptbahn nach Rouen. Neben einigen Dieselloks sind besonders die eingesetzten Triebwagen interessant: Neben den beiden x5506 und x5509 von 1951, die durch ihre Fahrerkanzel auffallen, ist vor allem der x3601 von 1948 Star dieser Bahn. Der äußerst elegante Wagen ähnelt den älteren Triebwagen auf Korsika.
http://www.cfve.org/

Rouen, Kapitale der Region und Hauptstadt des Départements Seine-Maritime, ist eine der bedeutendsten Kulturstädte Frankreichs. Victor Hugo nannte sie die „Stadt der 100 Kirchtürme". Auf dem Besuchsprogramm stehen die Kathedrale Nôtre-Dame mit ihrem 151 Meter hohen Turm, die Kirche St.Maclou sowie der Justizpalast als größtes nichtsakrales gotisches Bauwerk. Über 700 Fachwerkhäuser im typischen nordfranzösischen Stil bieten eine phantastische Kulisse. Auf dem alten Marktplatz wurde einst Jeanne d'Arc verbrannt, woran in einem nahe gelegenen Museum erinnert wird. Ein großes Dépôt der SNCF befindet sich in der Vorstadt Sotteville-lès-Rouen. Hier endet auch eine der beiden Straßenbahnlinien des 1994 wiedereröffneten Betriebes von Rouen.
Von Rouen nach Le Havre geht es in Etappen weiter, unterbrochen durch Abstecher an die Küste zu den Orten **Dieppe, St-Valéry-en-Caux und Fécamp**. Dieppe ist ein rege genutzter Hafen, die

Über den Viadukt von Bolbec poltert der Zug nach Gravenchon *C. Wenger*

Vergangenheit als erstes mondänes Seebad Frankreichs ist noch zu erahnen. Die Fährverbindung nach England ist trotz des Kanaltunnels noch bedeutend, Mitte der 1990er-Jahre wurde ein neues Terminal östlich der Stadt gebaut. Von Fécamp aus lockt ein Abstecher zum westlich gelegenen Étretat. Der Ort wird beidseitig von spektakulären Klippen überragt, weltbekannt ist das Felsentor Porte d'Aval mit der benachbarten Felsnadel l'Aiguille. Durch einen engen Tunnel nahe der Porte d'Aval gelangt man, sofern man stets rechtzeitig den Kopf einzieht, zum nächsten Strandabschnitt, der an einem weiteren Felstor, der Manneporte, endet.

Le Havre wurde erst zu Anfang des 16. Jahrhunderts als Kriegshafen erbaut und stand seitdem oft im Brennpunkt der Auseinandersetzungen mit England.

i Info: Pont de Normandie

Europas größte Schrägseil-Hängebrücke überspannt die Seine-Mündung zwischen Le Havre und Honfleur. Sie ist 2.143 Meter lang, davon liegen 856 Meter zwischen den Pylonen. Diese sind je 215 Meter hoch.

Zuletzt nach der Unabhängigkeit der USA stieg auch die Bedeutung als Handelshafen. Am gegenüberliegenden Seine-Ufer, zu erreichen über die riesige, 1995 eröffnete Pont de Normandie, liegt das malerische Städtchen **Honfleur**. Es ist bekannt durch die Uferpromenade mit

Typische Normandie: weites Land südlich von Fécamp *C. Wenger*

Von Rouen nach Dieppe rollt der modernisierte Triebwagen EAD durch das hügelige Land

Bahn-Tipp: Train PontAuRail

Mit zwei Triebwagen, dem 1987 ausgemusterten x2426 oder dem EAD x4555, werden Fahrten auf der 28 Kilometer langen Strecke zwischen Pont-Audemer und Honfleur angeboten. http://www.pontaurail.com/

den schmalen hohen Häusern, im Sommer per Touristikbahn von Pont-Audemer aus zu erreichen.
Nächstes Ziel ist das westlich von Honfleur gelegene Trouville-sur-Mer. Mit der Bahn muss man dazu den Umweg zurück über Rouen in Kauf nehmen und lernt dadurch zumindest Teile des Départements Eure kennen. Bei Bernay gelangt man auf die Hauptbahn nach Cherbourg. Beim Umsteigen nach Trouville kann man in Lisieux die mächtige Basilika Sainte-Thérèse besuchen.
Trouville-sur-Mer und das benachbarte Deauville sind ehemals mondäne Badeorte mit breitem Sandstrand. Während Deauville künstlich angelegt wurde, zeigt Trouville eine gewachsene Struktur. Die Bahnlinie endet in **Cabourg**, einem weiteren beliebten Badeort.
Von Lisieux aus geht die Reise weiter in Richtung Cherbourg, die Bahnlinie verläuft via Caen und Bayeux im Hinterland. Die Küstenabschnitte bis hin zur Halbinsel Cotentin wurden im Juni 1944 Schauplatz der alliierten Landung im durch deutsche Truppen besetzten Frankreich, einer der entscheidenden Schlachten des Zweiten Weltkriegs. Die von den Militärs festgelegten Tarnnamen wie z.B. Omaha-Beach für einzelne Einsatz-Schwerpunkte werden noch heute verwendet. Zahlreiche riesige Militärfriedhöfe, teilweise landschaftlich wunderbar auf den Klippen hoch über dem Meer gelegen, lassen über die Opferzahlen die Schrecken jener Zeit erahnen.
Caen, Hauptstadt der Region Basse-Normandie sowie des nördlichen Departements Calvados, bietet das übliche sehenswerte Ensemble an Kirchen, Feudalschloss, Festungsanlagen und alten Abteien. Ein kleines Dépôt unterhält einige Einheiten des „Blauwal"-Triebwagens x73500. A propos Calvados: Berühmt ist die Normandie auch als Herkunftsland des gleichnamigen Apfelbrandes, der in ganz Frankreich gerne als Digestif genommen wird.
Die im Departement Manche gelegene Halbinsel Cotentin ähnelt landschaftlich schon der Bretagne. An ihrer Spitze liegt **Cherbourg**, ein Seehafen, dessen große Zeit mit Einstellung der Linienschifffahrt in die USA endete. Bis Mitte des 20. Jahrhunderts war die Reise via Cherbourg die kürzeste Verbindung Paris – New York. Nordwestlich von Cherbourg liegt das

Info: Teppich von Bayeux

Die Geschichte der Invasion Englands 1066 zeigt der 68,5 x 0,5 Meter lange Teppich von Bayeux. Der in Südengland angefertigte Teppich hängt im städtischen Museum von Bayeux und gibt bis heute einige Rätsel auf.

Cap La Hague. Die wunderschöne Landschaft liegt jedoch auch in Nachbarschaft zur bekannten atomaren Wiederaufbereitungsanlage gleichen Namens. Der letzte Abschnitt der Reise durch die Normandie führt bis zum Mont-St-Michel auf der Grenze zur Bretagne. An der vom Cap La Hague bis dorthin südwärts verlaufenden Küstenlinie ist nur Granville an das Bahnnetz angebunden. Somit verläuft unsere Route erst einmal in einem östlichen Bogen über Saint Lô und Coutances. Von weitem schon sieht man auf einem Hügel die ab dem Jahre 1218 erbaute Kathedrale, die das Ortsbild von Coutances prägt. **Granville** liegt auf einem weit ins Meer hinausragenden Felsen vor der Kulisse einer beeindruckenden Steilküste. Mit bis zu 14 Metern Tidenhub werden hier die größten Gezeitenunterschiede Europas gemessen. Wie so viele legendäre Badeorte hatte Granville seine Blütezeit Ende des 19. Jahrhunderts. Die einstige Bedeutung erkennt man noch heute an der zweigleisigen Hauptbahn vom Pariser Bahnhof Montparnasse aus. Die Strecke verläuft durch das südliche, landschaftlich weniger spektakuläre Département Orne. Gelegentlich, vornehmlich zur Ferienzeit, sieht die nicht elektrifizierte, dafür aber von Doppel-Telegrafenmasten gesäumte Strecke einige schwere Reisezüge

Letzter Besuchspunkt ist **Avranches**. Die königliche Stadt, einst bedeutender Bischofssitz in der Region, wartet mit einer weiteren sehenswerten Kathedrale auf: Nôtre-Dame-des-Champs. Avranches liegt in Sichtweite des Mont-St-Michel, der Übergang zur Bretagne ist erreicht.

! Bahn-Tipp: Train du Cotentin

In der Urlaubszeit verkehren zwischen den Orten Portbail und Carteret Touristikzüge. Die aus einer BB63000 und älteren Wagen gebildete Garnitur durchfährt dabei herrliche Dünenlandschaft. http://ttcotentin.monsite.wanadoo.fr/page1.html

Badevergnügen und Eisenbahn bietet das kleine Örtchen Houlgate C. Wenger (2)

Nord-Pas-de-Calais

Nahverkehr im Norden Frankreichs: Ein Triebwagen EAD rollt auf der in den 90er-Jahren elektrifizierten Strecke von Calais hinab nach Boulogne *C. Wenger, M. Beitelsmann (S. 51)*

Region und Landschaft

Nähert man sich Frankreich von Norden her, gelangt man fast zwangsläufig in die Region Nord-Pas-de-Calais. Dicht besiedelt und einst durch Kohlebergbau industriell geprägt, fällt ihr eine wichtige Funktion als Brückenkopf zu; einerseits nach Belgien, den Niederlanden und Westdeutschland, andererseits über den Ärmelkanal nach Großbritannien. Der 1994 eröffnete Kanaltunnel nimmt hier seinen Ausgang. Die Industrie ist auch noch heute allgegenwärtig: Riesige Hafenanlagen, Chemie- und Stahlwerke in Dunkerque, Eisen verarbeitende Industrie um Lille, Stahlindustrie und eine Lokomotivfabrik bei Valenciennes sorgen für viele Arbeitsplätze und für viel Güterverkehr.

Der Übergang nach Belgien ist fließend – gelegentlich wird der Landstrich zwischen Lille und Calais auch „Flandern“ genannt. Flämische Ortsbezeichnungen sind ebenfalls häufig zu finden. Und in der Tat gehören weite Teile der Region erst seit 1815 zu Frankreich. Geografisch lässt sich der Landstrich in die **flämische Ebene** zwischen Kanalküste und Valenciennes sowie in das westlich und südlich gelegene **Hügelland** einteilen. Östlich der Sambre beginnen bereits die Ausläufer der Ardennen. Die **Küste** besteht zwischen Touquet und Boulogne aus breiten Stränden und großen Sanddünen, weiter nördlich lassen sich auch steile Klippen finden. Mittelpunkt der früheren Provinz Artois ist die Stadt Arras, heute Hauptort des Départements Pas-de-Calais, die den Ballungsraum nach Süden abschließt. Die Region Nord-Pas-de-Calais kann es klimatisch natürlich nicht mit dem sonnenverwöhnten Süden Frankreichs aufnehmen; jedoch hat auch diese Gegend trotz manchen Regenschauers und trotz des Nebels vor der Küste ihren ganz besonderen Reiz, vor allem für Bahnfahrer.

i Info: Nord-Pas-de-Calais

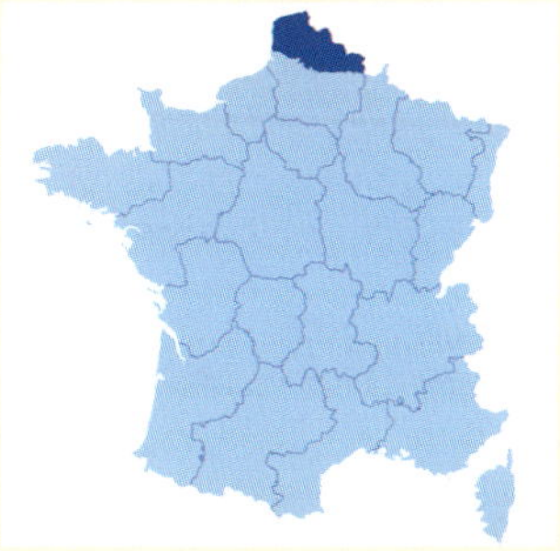

Fläche:	12.414 km²
Einwohnerzahl:	3.960.000
Hauptstadt:	Lille
Départements:	2 (Nord, Pas-de-Calais)
Wichtige Bahnknoten:	Lille, Valenciennes, Arras, Lens, Calais

Mehr im Internet unter:
http://www.nordfrankreich-tourismus.com/

Bereits Geschichte ist der Einsatz der Düwag-Trams von Lille nach Roubaix und Tourcoing

Lille und seine Bahnverbindungen

Lille ist das unbestrittene Zentrum der Region. Als Mittelpunkt eines dicht besiedelten Großraums, der bis über die belgische Grenze reicht, strahlt die alte, reiche Handelsstadt einen stolzen Charme aus. Die Kulturhauptstadt Europas des Jahres 2004 war aber schon immer weltoffen und Neuem stets aufgeschlossen; so wundert es nicht, dass die Stadt in den letzten 20 Jahren den Übergang von der Montanindustrie in eine Dienstleistungsmetropole geschafft hat. Lille ist auch der **größte Bahnknoten im Norden** Frankreichs – erst recht durch die Eröffnung der Hochgeschwindigkeitsstrecke Paris – Calais (– London) mit ihrem Abzweig nach Brüssel. Zeitgleich mit der als „LGV Nord-Europe" bezeichneten Rennpiste wurde auch der neue **Bahnhof Lille-Europe** in Betrieb genommen, der nur wenige 100 Meter neben dem altehrwürdigen Kopfbahnhof Lille-Flandres errichtet wurde. Seitdem ist Paris nur eine Stunde entfernt, Brüssel ist gar in nur gut 30 Minuten zu erreichen. Zwischen beiden Stationen erstreckt sich das gigantische Einkaufs- und Handelszentrum „Euralille", das neue kommerzielle Herz der Region.

Ein Thalys durcheilt die Region bei Arras auf dem Weg nach Brüssel und Köln. Die Fernleitung hinten lässt den industriellen Charakter ahnen *M. Beitelsmann*

Im Hochgeschwindigkeitsverkehr dominieren die Eurostar-Züge von und nach England; die Verbindung nach Belgien, den Niederlanden und Deutschland haben die Thalys-Züge fest im Griff. Da die Region – wie ganz Nordfrankreich nach dem Zweiten Weltkrieg – mit Wechselstrom 25 KV/50 Hz elektrifiziert wurde, sind hier eine große Zahl vierachsiger Wechselstrom-Elektroloks zuhause; konkret findet man die Baureihen BB16000 und BB16500. Anstelle der urigen „Krokodil"-Elektroloks fahren heute die Sybic-Loks (Baureihe BB26000) ebenso wie weitere moderne Vierachser (BB27000, BB36000). Güterverkehr findet man vor allem im westlich gelegenen Rangierbahnhof Lille-Délivrance.
Beim **Nahverkehr** kommt man in Lille ebenfalls auf seine Kosten: Das 1984 eingeführte VAL-Métro-System war das erste vollautomatische, das heißt fahrerlose U-Bahn-System der Welt überhaupt – heute bewältigen zwei Linien den Hauptteil des städtischen Nahverkehrs. Hinzu treten noch zwei frühere Überland-Straßenbahnlinien in Meterspur nach Roubaix und Tourcoing, auf denen Breda-Niederflur-Triebwagen verkehren.

! Bahn-Tipp: Trams in Lille

Auf Straßenbahnfans warten in und um Lille zwei Besonderheiten:
- die Überland-Straßenbahn „Mongy" nach Tourcoing und Roubaix (Linien T und R)
- das Straßenbahn-Museum AMITRAM in Marquette nördlich von Lille (3 km Museumsstrecke)

Kontakt:
1521 rue de Bourbourg – 59670 Bavinchove,
Tel. (+33) 03 28 42 44 58
Fax (+33) 03 28 40 58 99,
Internet: http://www.amitram.asso.fr/)

Die Kanalküste: Dunkerque, Calais und Boulogne

Dunkerque (zu deutsch: Dünkirchen) ist die nördlichste Stadt Frankreichs und eine Heimat der Schwerindustrie. Im Zweiten Weltkrieg erlitt Dunkerque starke Zerstörungen, wurde aber wieder aufgebaut. Stahlwerke und Petrochemie sorgen hier für ein starkes Güteraufkommen, welches über die Hauptlinie nach Hazebrouck und Lens abgefahren wird.
Calais ist durch seine Funktion als Fährhafen nach Großbritannien weltbekannt geworden – kein Wunder, ist hier doch die engste Stelle des Ärmelkanals zu finden. Aus diesem Grunde wurde hier auch südlich der Stadt der Kanaltunnel, genannt „Chunnel", angelegt. Die Eurostar-Züge halten in Fréthun und bieten einen unschlagbar schnellen Anschluss an die Metropolen Paris und London.
Das weiter südlich gelegene **Boulogne** wirkt zunächst sehr industriell, erweist

sich aber dann als wesentlich verträumter und hat noch den Charme eines alten Hafenstädtchens. Hier endet der Fahrdraht von Calais aus; auch der TGV erreicht mehrmals täglich den Bahnhof. Im Bahnhof **Etaples-Le Touquet** angekommen, befindet man sich in einem der bevorzugten Badeorte der Hauptstädter; daher stammt auch der Name „Paris-Plage". Der schöne Küstenabschnitt, der bis kurz vor der Mündungsbucht der Somme zur Region Nord zählt, bietet dem Besucher jedoch auch steile Klippen und viele kleinere Badeorte.

Er ist hier regelmäßig anzutreffen: TGV im Bahnhof von Valenciennes, aufgenommen im April 2005 M. Beitelsmann

Der Güterverkehr im Norden ist eine Domäne der neuen Lokbaureihe BB27000, hier bei St-Bénin unterwegs M. Beitelsmann

Die wichtigsten Bahnlinien

Im Personenverkehr dominiert die Hochgeschwindigkeitsstrecke Nord-Europe mit ihren Eurostar- und Thalys-Zügen. Aus der Picardie kommend, erreicht sie die Region südlich von Arras, welches durch eine Abzweigung an das TGV-Netz angebunden wird. Die „alte" Hauptstrecke von Paris nach Lille und weiter nach Belgien führt ebenfalls über Arras und Lens.

Im Industriegebiet südlich von Lille ist das Eisenbahnnetz sehr dicht; alle Strecken sind elektrifiziert. Im Güterverkehr kommt der Ost-West-Verbindung (Lorraine –) **Aulnoye – Lille – Hazebrouck – Calais/ – Dunkerque** große Bedeutung zu. In ihrem östlichen Zipfel wird die Region noch von der Hauptlinie (Paris –) **St-Quentin – Maubeuge** (– Belgien) durchzogen. Durch die Führung der Thalys-Züge über Lille hat diese Strecke aber im Fernverkehr ihren wichtigen Rang eingebüßt.

Der Nahverkehr der Region wird durch relativ viele TER-Verbindungen flächendeckend sichergestellt; hier kommen neben den „klassischen" RRR-Wendezügen auch neue Doppelstock-Triebzüge des Typs TER 2N zum Einsatz.

! Bahn-Tipp: Der Kanaltunnel bei Calais

Seit 1994 kann man Großbritannien auch per Schiene erreichen. Mit privatem Kapital wurde bei Calais der Kanaltunnel gegraben, durch den seitdem der Eurostar von Frankreich und Belgien nach Großbritannien und zurück jagt. Mehrfach am Tag stellen die Hochgeschwindigkeitszüge die Verbindung London – Paris bzw. London – Brüssel her.

Picardie

Durch das Tal der Marne mit seinen Weinbergen schlängelt sich die alte Hauptstrecke von der Hauptstadt Paris nach Osten *M. Beitelsmann*

Region und Landschaft

Im Norden des Hexagons, aber nicht weit vom Herz! So könnte man die geografische Lage der Picardie bezeichnen. Anders gesagt: Sie ist das Bindeglied zwischen Paris und Flandern. Im Nordwesten, an der **Mündung der Somme**, grenzt die Region einige Kilometer an den Ärmelkanal – hier sind einige der schönsten Badeorte des nördlichen Frankreichs zu finden. Im äußersten Südosten, im Département Aisne, zählt sogar ein **Teil der Champagne** mit seinen lieblichen Weinbergen zur Picardie.
Atemberaubende Höhenzüge oder ähnlich Spektakuläres sucht man in der Picardie vergebens; dafür hat das Land zwischen Somme und Oise einen ganz eigenen, lieblichen Charakter. Hinter der Küste mit ihren malerischen Kreidefelsen wechseln sich hügelige Landschaften mit weiten, fruchtbaren Ebenen ab. Stolze Städte wie Laon oder Amiens zeugen gleichsam von der bedeutungsvollen Vergangenheit des **Artols**, wie Teile der Region auch genannt werden, und ebenso von der wirtschaftlichen Prosperität des Landstriches, der von der Nähe zu Paris profitiert.
Zur französischen Krone fiel das Gebiet erst nach dem Hundertjährigen Krieg im 15. Jahrhundert, blieb aber noch fünf weitere Jahrhunderte umkämpft. In den beiden großen Weltkriegen fanden hier verlustreiche Schlachten statt. Von diesen Narben ist heute gottseidank nur noch wenig zu erkennen – im Gegenteil, die überaus gastfreundlichen Bewohner des Artois rühmen sich, die besten Europäer in ganz Frankreich zu sein.

Amiens

Die **Hauptstadt** des Départements Somme und der Region Picardie ist mit ihren 137.000 Einwohnern Bischofssitz und Universitätsstadt zugleich. Leider wurde Amiens im Zweiten Weltkrieg stark zerstört; daher ist das Antlitz vielfach vom Wiederaufbau der 1950er-Jahre geprägt. Dennoch lohnt ein Besuch alleine schon wegen der Kathedrale „Nôtre-Dame d'Amiens", die ein Meisterwerk der Hochgotik darstellt. Sie verfügt über das höchste Mittelschiffgewölbe aller französischen Kirchen und wurde 1981 zum UNESCO-Weltkulturerbe erhoben. Ihr Bau gilt als Vorbild für den Kölner Dom. **Bahnmäßig** liegt Amiens seit der Eröffnung der LGV Nord leider ein wenig abseits der großen Linien – Fernreisende werden unglücklicherweise auf den weit vor den Toren der Stadt gelegenen TGV-Bahnhof „Haute-Picardie" verwiesen, der nur durch eine Buslinie mit der Stadt verbunden ist. Dennoch gibt es besonders im Sommer einige Fernzüge von Paris nach Amiens und weiter nach Arras oder Boulogne. Außerdem bietet die Querverbindung nach Rouen beste Reisemöglichkeiten in die Normandie.

i Info: Picardie

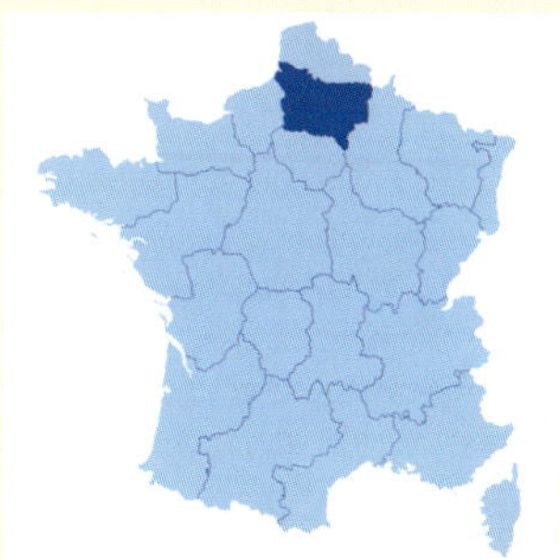

Fläche:	19.399 km²
Einwohnerzahl:	1.860.000
Hauptstadt:	Amiens
Départements: 3 (Aisne, Oise, Somme)	
Wichtige Bahnknoten: Amiens, Laon	

Mehr im Internet unter: http://www.picardietourisme.com/fr/index.asp (nur französische und englische Fassung verfügbar)

Die wichtigsten Bahnlinien

Der Nähe zur Hauptstadt Paris bedingt, dass die bedeutendsten Eisenbahnlinien die Picardie von Nord nach Süd durchqueren. Allen voran ist hier die **LGV Nord** zu nennen; sie teilt die Picardie längs der Autobahn A 1 quasi in der Mitte. Im Herzen der Region sorgt der schon erwähnte **TGV-Bahnhof „Haute-Picardie"** für eine schnelle Zug-Anbindung an Paris, Lille und an internationale Ziele wie London, Brüssel oder Amsterdam. Weiter westlich verbindet die **„alte" Nord-Süd-Route** – ebenfalls von Paris kommend – Amiens mit Boulogne an der Kanalküste, während die Strecke über St-Quentin nach Lille und Belgien durch die TGV-Strecke viel von ihrer früheren Bedeutung verloren hat. Sah man hier einst stolze TEE-Züge, verbleiben neben einigen Güterzügen nur der TER-Nahverkehr und einige Corail-Schnellzüge.

Mit 300 km/h rast der TGV durch die Picardie, Paris entgegen M. Beitelsmann

Die automatische Mini-Seilbahn führt auf den Felsen mit der Oberstadt von Laon

! Bahn-Tipps: Museumsbahnen in der Picardie

In St-Quentin verkehrt sonntags in den Sommermonaten Juli/August die CFTV (Chemin de Fer Touristique de Vermandois); sie setzt Züge auf der romantischen, 22 Kilometer langen Nebenbahn nach Origny-St-Benoîte ein. Dort fahren Diesel- und Dampfloks sowie ein „Picasso"-Triebwagen. Die CFTV war die erste Museumsbahn, die auf einer noch im Güterverkehr betriebenen SNCF-Strecke den Betrieb aufnahm. Info:
CFTV, Boîte postale 152, F-02104 St-Quentin
Tel./Fax: (+33) 03 23 64 88 38
Internet: http://www.trains-fr.org/cftv/

Wer sich Dampf und Seeluft gleichzeitig um die Nase wehen lassen will, ist bei der CFBS (Chemin de Fer de la Baie de Somme) bestens aufgehoben. Ausgehend vom Bahnhof St-Valery bei Abbéville an der Strecke Amiens – Boulogne, fahren die Dampfzüge entlang der Mündung der Somme bis nach Crotoy. Info:
CFBS – Boîte postale 31, F-80230 St-Valery-sur-Somme; Tel. (+33) 03 22 26 96 96, Fax (+33) 03 22 26 95 66; Internet: http://www.chemin-fer-baie-somme.asso.fr

Tourenvorschlag 3

In und um Laon unterwegs

Laon, die Hauptstadt des Départements Aisne, besticht durch ihre einzigartige Lage auf einem Felsen, der weithin in der flachen Landschaft sichtbar ist. Auf ihm wurde die Stadt mit ihrer mächtigen Kathedrale erbaut, während jüngere Stadtviertel am Fuße des Massivs entstanden. Auch der Bahnhof liegt unterhalb des Felsens. Hier kreuzen sich zwei zweigleisige, nicht elektrifizierte Hauptstrecken. Wenngleich der Zugverkehr nicht allzu dicht ist, wird doch durch die Abfahrten in alle Himmelsrichtungen ein recht abwechslungsreicher Verkehr geboten. In Richtung Paris dominieren lokbespannte Züge mit bequemen Corail-Waggons, während auf den **Strecken nach St-Quentin, Hirson und Reims** meist ältere Triebwagen verkehren. Mehrere Schrankenposten im Stadtgebiet verströmen das Flair „alter" Bahn. Den Höhepunkt stellt die automatische **Mini-Seilbahn** vom Bahnhof zur Oberstadt dar, deren Kabinen im Zwei-Minuten-Takt durch die Häuserschluchten flitzen. Vor dem Bahnhof steht als Reminiszenz an vergangene Tage ein Zahnrad-Straßenbahnwagen als Denkmal.

Als Relikt der alten Zahnradbahn steht dieser Waggon vor dem Bahnhof von Laon *M.B. (2)*

Île-de-France

Beinahe lautlos rollt der Zug der Metrolinie 6 über den Pont de Bir-Hakeim. Der heutige Name des Viaduc de Passy erinnert an einen Schlachtort im Zweiten Weltkrieg *C. Wenger*

Region und Landschaft

„Insel von Frankreich" heißt dies wörtlich übersetzt – was nicht bedeuten soll, dass die Region um Paris vom übrigen Land abgeschnitten ist. Im Gegenteil! Aus allen Gegenden Frankreichs führen Schienenwege in die Hauptstadt, wo sie in einem der großen Kopfbahnhöfe enden. Früher hieß das Gebiet zutreffend auch „Région parisienne". Sie ist die wichtigste, bevölkerungsreichste und auch wirtschaftlich stärkste Region des Landes. Ein Fünftel aller Franzosen ist hier zu Hause; über ein Viertel der Wirtschaftsleistung des Landes stammt von hier. Es ist das **Kernland Frankreichs**; die hier gesprochene Sprache entwickelte sich zum heutigen Französisch. Übrigens: Der Name „Île-de-France" leitet sich von der Tatsache ab, dass die Region von den vier Flüssen Seine, Marne, Oise und Beuvronne quasi wie eine Insel umschlossen wird.

Paris

Die Weltstadt Paris ist die Hauptstadt Frankreichs und der Région Île-de-France. Sie ist unbestritten der **Mittelpunkt des Landes**, wenn auch nicht geografisch gesehen. Aufgrund der zentralistischen Struktur Frankreichs werden alle wichtigen Entscheidungen hier getroffen. Und hier wurde Weltgeschichte geschrieben!

Paris ist eine keltische Gründung. Als „Lutetia" war sie schon zu der Zeit, als die Römer Gallien eroberten, ein wichtiger Handelsplatz. Später wählten die fränki-

Lange Triebwagenzüge bewältigen den Nahverkehr der Île-de-France *M. Beitelsmann*

schen Könige Paris zu ihrer Hauptstadt und regierten von hier aus das Land. Die Gotik nahm in Paris ihren Ausgang und wurde zum bestimmenden Baustil des ausgehenden Mittelalters. Unter Louis XIV erlebte der absolutistische Staat seine große Blüte; Paris wurde in großem Stil als Residenzstadt ausgebaut, Versailles erstand vor seinen Toren. Das Volk hingegen musste für den Prunk seiner Herrscher bezahlen. Die französische Revolution nahm denn auch hier im Jahre 1789 mit dem Sturm auf die Bastille ihren Ausgang. Später krönte sich Napoléon in Paris zum Kaiser aller Franzosen und plante seine Feldzüge durch Europa. Seit 1871 bestimmen demokratisch gewählte Herrscher die Geschicke des Landes; sie residieren im Élysée-Palast.

Berühmt ist Paris natürlich auch wegen seines Prachtboulevards, der Avenue des Champs-Elysées, des Seine-Ufers mit der Kathedrale Notre-Dame, dem Louvre und, und, und ... Wer den Luxus liebt, ist hier richtig: Die Schneider der Haute-Couture wie Pièrre Cardin, Coco Chanel und Yves Saint-Laurent haben hier ihre Stammhäuser. Ähnlich schillernd ist das Künstlerviertel Montmartre im Norden der Stadt. Es bietet einen herrlichen Überblick über das Häusermeer; die

Im Großraum Paris ist die Bahnlinie nach Orléans viergleisig ausgebaut *C. Wenger*

Info: Île-de-France

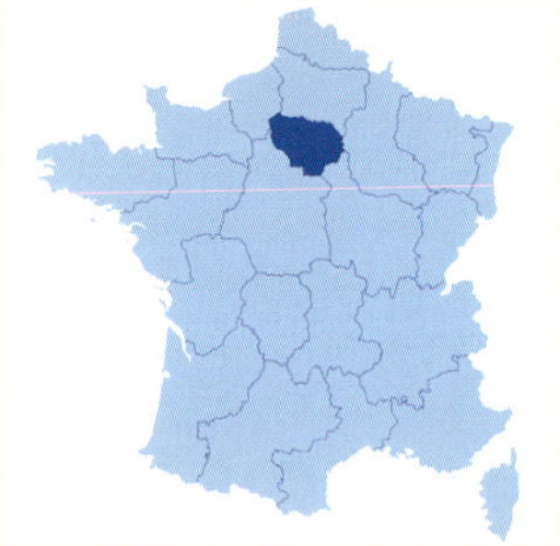

Fläche: 12.012 km^2

Einwohnerzahl: 10.950.000

Hauptstadt: Paris

Départements: 8 (Cité de Paris, Essonne, Hauts-de-Seine, Seine-et-Marne, Seine-Saint-Denis, Val-d'Oise, Val-de-Marne, Yvelines)

Wichtige Bahnknoten: Paris, Versailles, Saint-Denis

Mehr im Internet unter: http://deutsch.pidf.com/

Für Kunstfreunde weltweit die Adresse Nummer Eins: der Louvre *C. Wenger*

strahlendweiße Kirche Sacre-Coeur mit ihrer famosen Kuppel ist nicht minder sehenswert.
Das eigentliche Stadtgebiet von Paris wird durch die „Boulevards périphérique" begrenzt, einen Straßenring um den Kernbereich. Hier leben rund 2,1 Millionen Menschen – unterteilt in 20 Bezirke, „Arrondissements" genannt. Außerhalb dieses Stadtgebietes bestehen eigenständige Gemeinden, die ebenso zum Großraum Paris zählen. Die meisten von ihnen sind ebenfalls ausgewachsene Großstädte.
Paris ist der **größte Verkehrsknotenpunkt Frankreichs**; der Flughafen Charles-de-Gaulle nördlich der Stadt ist eine der größten internationalen Airports Europas. Aus allen Teilen des Landes führen Eisenbahnstrecken zum Zentrum innerhalb der Boulevards, zu den sechs großen Bahnhöfen, die jedoch untereinander (außer durch Nahverkehrslinien) nicht verbunden sind.

Die großen Kopfbahnhöfe

Gare du Nord

Der frühere „Hauptbahnhof" der Compagnie du Nord befindet sich im X. Arrondissement, unweit von Montmartre. Sein prachtvolles Empfangsgebäude von 1864 stammt aus der großen Zeit dieser Bahngesellschaft. Er ist der Ausgangspunkt der schnellen Eurostar- und Thalys-Züge nach London bzw. Brüssel/Amsterdam/Köln über Lille.
Mit seinen 21 Bahnsteiggleisen zählt er zu den größten Stationen der SNCF; unterirdisch verkehren zudem zwei RER-Linien (B und D).

Gare de l'Est

13 Gleise umfasst der benachbarte „Ostbahnhof", von dem die Züge in Richtung Alsace, Lorraine, Deutschland und Luxemburg verkehren. Er besteht seit 1855 und zählt somit zu den ältesten Pariser Bahnhöfen.

! Bahn-Tipp: Métro-Rundfahrt

Eine interessante Möglichkeit, Paris zu entdecken, bieten die Métro-Linien 6 und 2. Die 6 verkehrt südlich der Seine als Hochbahn und bietet quasi einen Logenplatz. Beginnend am Ètoile, fährt sie südwärts, überquert die Seine mit Blick zum Eiffelturm und führt über Montparnasse zum Quai de la Gare nahe des Gare d'Austerlitz. Am Knotenpunkt Nation endet die 6; von hier bringt die Linie 2 den Fahrgast zum Friedhof Père Lachaise und zum Place Pigalle beim Montmartre, wo das Nachtleben tobt. Nach weiteren acht Stationen ist man wieder am Ausgangspunkt Étoile angelangt.

Gare de Lyon

Ester TGV-Bahnhof von Paris, das Tor in den Süden und zum Mittelmeer. Von seinen 21 Gleisen fahren in dichtem Takt die TGV-Züge nach Lyon, Dijon, Marseille, in die Schweiz und zur Côte d´Azur ab. Errichtet wurde er von der P.L.M. Mit seinem charakteristischem Uhrenturm (Grande Horloge) und der großen Bahnhofshalle zählt er zu den schönsten Bahnhöfen von Paris.

Gare Montparnasse

Moderner Bahnhof am linken Seineufer im XV. Arrondissement (18 Gleise). Ausgangspunkt der TGV-Atlantique-Züge und des übrigen Fernverkehrs in Richtung Bordeaux, Toulouse und in die Brétagne. Der

Neben den 14 Metro-Linien tragen die von der SNCF betriebenen und in der Innenstadt zu fünf Ästen gebündelten RER-Linien den Nahverkehr im Ballungsraum Paris *C. Wenger*

Bahnhof wird überspannt von einem immensen Gebäudekomplex, überragt von einem 210 Meter messenden Hochhaus. Im Inneren des gewaltigen Baus befindet sich u. a. ein großes Einkaufszentrum.

Gare d'Austerlitz

Von der Gesellschaft PO (Paris – Orléans) erbaut, dient dieser am linken Seineufer gelegene Bahnhof dem Verkehr in Richtung Orléans und Clermont-Ferrand, aber auch einige Corail-Züge zur Atlantik-Küste sind hier zu finden (8 Gleise). Im Untergeschoss fahren die RER-Züge der Linie C.

Gare Saint-Lazare

Der älteste der großen Kopfbahnhöfe steht zumeist ein wenig im Schatten der anderen Stationen, weist er doch weder internationalen noch TGV-Verkehr auf. Zu Unrecht – ist er doch architektonisch einer der Interessantesten. Seine 22 Gleise dienen hauptsächlich den Zügen in Richtung Normandie/Kanalküste.

Métro und RER

Am besten lässt sich Paris mit der Métro erkunden – ein dichtes Netz von 14 Métro-Linien der städtischen Nahverkehrsgesellschaft RATP verbindet alle wichtigen Punkte der Stadt. Ergänzt

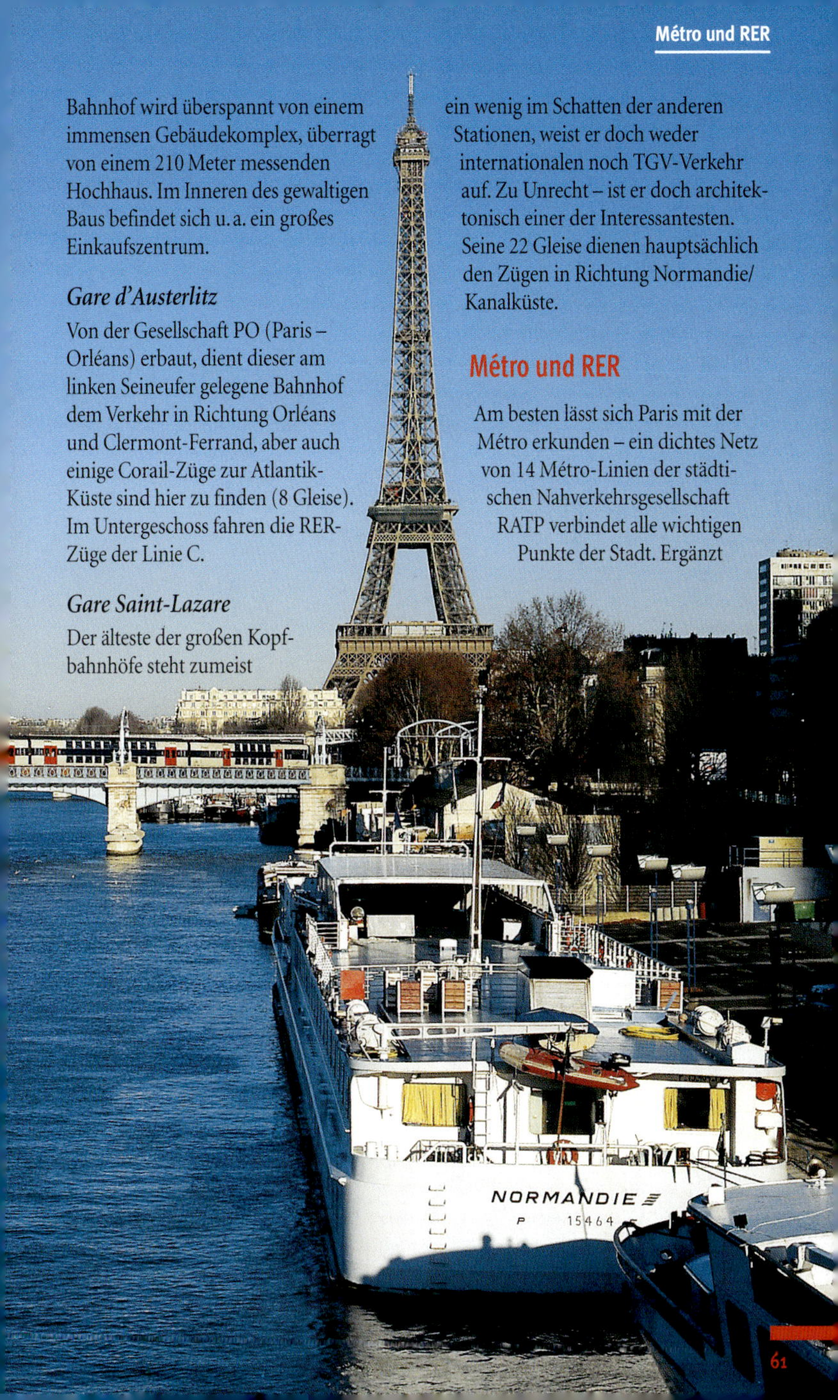

wird die Métro von mittlerweile fünf RER-Linien, die S-Bahn-artig das gesamte Umland mit dem Zentrum verbinden, teils oberirdisch, in Paris selbst auch im Tunnel. Der größte **Umsteigeknoten** ist „Les Halles", aber auch die großen Kopfbahnhöfe werden von einigen RER-Linien angefahren. In den nördlichen Vororten besteht ein Straßenbahnnetz mit zwei Linien.

Die Vororte

Das eigentliche Stadtgebiet von Paris wird von drei Départements umschlossen, die baulich vollständig mit der Stadt zusammengewachsen sind. Im westlichen Vorort Nanterre entstand seit den 1960er-Jahren genau in der Sichtachse der Champs-Élysées das Hochhausviertel **„La Défense"**, das einzige Wolkenkratzer-

i Info: Sehenswürdigkeiten in Paris

Eiffelturm
Das Wahrzeichen der Stadt wurde 1889 für die Weltausstellung von Gustave Eiffel erbaut. Eiffel war jedoch nicht der Architekt des Turms, sondern kaufte die Urheberrechte zwei Ingenieuren in seiner Firma ab. Der elegante Turm besteht komplett aus Stahl und besitzt zwei Aussichtsplattformen sowie das Obergeschoss in der Turmspitze. Der Turm ist abends illuminiert und im Sommer bis 24 Uhr geöffnet.
Internet: www.tour-eiffel.fr
Métro: Bir-Hakeim, Trocadéro, Ecole Militaire;
RER: C, Champ de Mars-Tour Eiffel

Höhe:	317 m (mit Antenne: 324 m)
Gewicht:	über 10.000 Tonnen
Anzahl der Nieten:	2,5 Millionen
Stufen:	1.792

Eglise Nôtre-Dame: Die wichtigste Kirche der Hauptstadt liegt auf einer Insel in der Seine (Île de la Cité) und wurde 1345 fertig gestellt. Die Kathedrale ist ein Meisterwerk gotischer Baukunst. Métro: Cité; RER:Châtelet-Les Halles, Saint Michel-Nôtre Dame

Louvre-Museum: Wer möchte nicht einmal das Lächeln der Mona Lisa oder die Venus von Milo sehen? Zu finden sind sie im Museé du Louvre; dieses ist in einem Königsschloss aus dem 17. Jahrhundert mitten in Paris untergebracht. Zur Vergrößerung der Ausstellungsflächen wurde 1989 im Innenhof die gläserne Pyramide errichtet, die als Zugang zu den reichhaltigen Kunstsammlungen dient. Zu den Exponaten zählen Hauptwerke der Malerei von der Renaissance bis ins 19. Jahrhundert sowie die einzigartige Antikensammlung. Allerdings kann es beim Eintritt zu mehrstündigen Wartezeiten kommen. Tipp: Weichen Sie mittwochs oder freitags auf den Abend aus.
Adresse: Musée du Louvre, F-75058 Paris Cedex 01; Internet: www.louvre.fr
Métro: Palais Royal-Musée du Louvre
Öffnungszeiten: täglich außer dienstags 9-18 Uhr; mittwochs/freitags bis 21:45 Uhr. Jeden ersten Sonntag im Monat freier Eintritt!

Musée d´Orsay: In einem früheren Bahnhofsgebäude findet sich dieses Museum mit Meisterwerken der „klassischen Moderne". Es gibt wechselnde Ausstellungen. Adresse: Musée d'Orsay, 62, rue de Lille, F-75343 Paris Cedex 07; Internet: www.musee-orsay.fr
Métro: Solferino; RER: C, Musée d´Orsay
Öffnungszeiten: dienstags, mittwochs, freitags und samstags 10-18 Uhr; donnerstags bis 21:45 Uhr, sonntags 9-18 Uhr.
Jeden ersten Sonntag im Monat freier Eintritt!

refugium überhaupt in Paris. Die Seine und ihr Zufluss Marne durchfließen das Gebiet in großen Schleifen. Neben seiner überragenden Bedeutung als Verwaltungszentrum und Kapitale des Landes ist der Ballungsraum Paris auch der größte Industriestandort in Frankreich. Große Automobilwerke (Renault, Peugeot, Citroën) sind hier ebenso ansässig wie die Petrochemie oder der Maschinenbau.
Die großen Rangierbahnhöfe der Region Paris in Achères, Le Bourget und Villeneuve-St-Georges dienen sowohl der Verteilung der Waren als auch dem Containerumschlag und dem Frachtversand. Sie alle sind verbunden durch den „Grande Ceinture", den Eisenbahnring, der Paris umschließt.
In **Versailles**, südwestlich gelegen, lädt das weltberühmte Schloss des Louis XIV zu einer Besichtigung ein. Der Sonnenkönig ließ diesen in Europa einmaligen Prachtbau errichten, der mit seiner Anordnung – Seitenflügel, Mittelteil, Seitenflügel – zum Vorbild zahlreicher weiterer Schlösser geworden ist. Auch der Park ist absolut sehenswert.
Die Région Île-de-France besteht aber nicht nur aus dem Ballungsraum Paris. Während es vom Zentrum aus nach Norden, Westen und Süden nicht weit zu den angrenzenden Regionen Picardie, Normandie und Centre ist, dehnt sich das Département Marne-la-Vallée nach Osten, fast bis zu den Weinbergen der Champagne hin, aus. **Brie** wird diese Gegend genannt; Käsekennern ein Begriff. Hier ist die Landschaft meist offen und überraschend hügelig; kleine Dörfer und Städte wechseln sich mit Weiden, Wäldern und lieblichen Tälern ab. Welch ein Kontrast zur pulsierenden Weltmetropole!

Heute ein Kunstmuseum: die Halle des ehemaligen Gare d'Orsay *C. Wenger*

Die wichtigsten Bahnlinien

Die südlich der Seine liegenden Eisenbahnstrecken in der Île-de-France sind mit Gleichstrom elektrifiziert, nördlich der Seine wird meist unter Wechselstrom 50 kV/25 Hz gefahren. Neben den **sternförmig in alle Richtungen führenden Hauptstrecken** gibt es auch zahlreiche Tangentialverbindungen. Auch eine **TGV-Ostumfahrung** von Paris gibt es: Über den Flughafen Charles-de-Gaulle im Norden führt eine neue Linie über den Bahnhof Marne-la-Vallée, der das Disneyland Paris erschließt, und dann weiter nach Süden. Für Fotofreunde zu empfehlen ist die alte Hauptlinie Nr. 1 nach Osten bis Château-Thierry; sie nimmt (noch) den gesamten Fernverkehr nach Reims, Metz, Luxembourg, Strasbourg und in den Südwesten Deutschlands auf. Im reizvollen Marnetal ist sie vor allem ab Meaux fotogen.

Das Städtchen Dormans an der Marne bildet die Kulisse für den Zug Strasbourg – Paris, der mit der Elektrolok BB15055 bespannt durch die Champagne eilt M. Beitelsmann

Champagne-Ardenne

Die erste Zahnradbahn Frankreichs fuhr von der Ebene hoch zur Altstadt von Langres. Ein Triebwagen erinnert als Denkmal daran MHZ

Region und Landschaft

Champagner, ein edles Getränk – hier kommt er her. Auf den Weinfeldern der Champagne wachsen die weltberühmten Spitzenweine, die zum Luxus-Schaumwein destilliert werden. In den Weinkellern von Reims oder Épernay lagern aber noch viele andere erstklassige Weine. Die klassischen **Weinanbaugebiete** um die Montagne de Reims und an den Hängen des Marnetals sind nur eine Seite; der größte Teil der Champagne besteht aus einer weiten, flachen und fruchtbaren Landschaft, die vorwiegend landwirtschaftlich genutzt wird. Größere Erhebungen sind eher selten, nur im äußersten Südosten der Champagne wird die Gegend in der Region um Langres deutlich bergiger. Hier ist auch das Quellgebiet der Maas zu finden. Im Norden der langgestreckten, von den Flüssen Seine, Marne und Maas durchzogenen Region grenzt sie – wie der Name schon sagt – an die französischen **Ardennen**, einem waldreichen und urtümlichen Mittelgebirge, das sich jenseits der Grenze in Belgien fortsetzt. Das wildromantische Tal der Maas durchschneidet die Ardennen, bis es im Zipfel von Givet die Wallonie erreicht.

Reims

Zwar nicht die Hauptstadt der Region, ja nicht einmal eines Départements, ist das uralte Reims (180.000 Einw.) dennoch die **bekannteste Stadt der Champagne**. Das liegt zu einem nicht unerheblichen Teil an der prachtvollen Kathedrale Nôtre-Dame von Reims, die zu den bedeutendsten gotischen Kirchen des Landes zählt. Seit dem Jahr 496, als der Frankenkönig Chlodwig sich hier taufen ließ, wurden in Reims über viele Jahrhunderte die französischen Könige gekrönt. Aber auch der erzbischöfliche Palast von Tau und die Basilika Saint-Rémi zählen zu den

i Info: Champagne-Ardenne

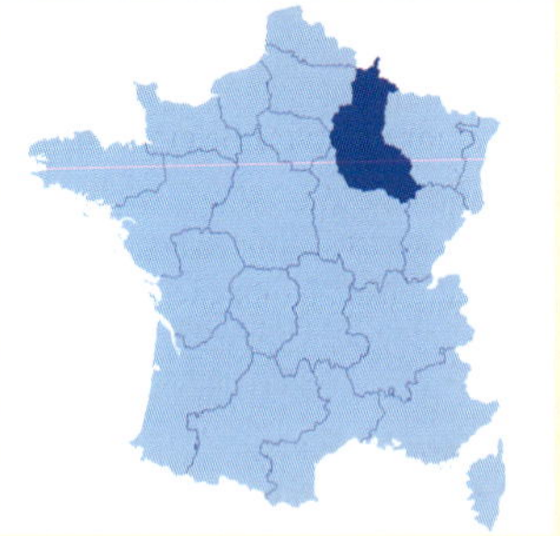

Fläche:	25.606 km^2
Einwohnerzahl:	1.340.000
Hauptstadt:	Châlons-en-Champagne

Départements: 4 (Ardennes, Aube, Marne, Haute-Marne)

Wichtige Bahnknoten: Châlons, Reims, Charleville-Mézières, Culmont-Chalindrey

Mehr im Internet unter:
http://www.ardennes.com/D/index.htm
http://www.aube-champagne.com/

Überwiegend Güterzüge nutzen die Strecke von der Küste bzw. von Lille nach Lothringen; hier ein Ganzzug in den Ardennen bei Logny-Bogny *M. Beitelsmann*

herausragenden Baudenkmälern dieser schönen Stadt, die einst die Römer zum Hauptort ihrer Provinz Belgica erkoren und die heute UNESCO-Weltkulturerbe ist. Neben Epernay zählt Reims zu den Hauptorten der Champagnerherstellung. Die Flaschen lagern hier oft noch in Weinkellern, die bereits von den Römern angelegt worden sind.
Vom großzügigen **Hauptbahnhof** mit seiner interessanten Hallenkonstruktion fahren Züge – hauptsächlich im Nahverkehr – in alle Himmelsrichtungen. Nur die Strecken nach Épernay und Charleville-Mézières sind elektrifiziert; hier verkehren auch einige Corail-Schnellzüge von und nach Paris. Im Süden der Stadt, gleich zu Beginn des Champagner-Weinanbaugebietes, befindet sich die neue LGV Est im Bau, die ab 2007 Paris in nur einer Dreiviertelstunde erreichen lässt.

Châlons-en-Champagne

Der **Hauptort der Region** (und gleichzeitig Sitz der Präfektur des Départements Marne) liegt am Ufer der Marne in der breiten Ebene der Champagne. Das Bahngeschehen wird bestimmt von der Hauptroute nach Osten, der Verbindung Paris – Strasbourg/Metz/Nancy. Doch der zum Teil recht dichte Schnellzugverkehr auf dieser Verbindung wird schon bald Geschichte sein, wenn die TGV-Züge mit 300 km/h durch die Champagne nach Osten rauschen – an Châlons vorbei.

Troyes

Die Hauptstadt des Départements Aube hat eine bewegte Geschichte: Der Hundertjährige Krieg zwischen England und Frankreich wurde durch den Vertrag von Troyes beendet. Touristen schätzen das gut erhaltene **mittelalterliche Stadtbild** mit zahlreichen Fachwerkhäusern und

Beinahe schnurgerade folgt die Bahnlinie Paris – Basel bei Luzy-sur-Marne dem Rhein-Marne-Kanal. Hier eine Diesellok CC72000 mit einem Schnellzug auf der Fahrt gen Osten C. Wenger

prächtigen Kirchen im Renaissance- oder Gotikstil. Hervorzuheben sind besonders das „Vieux Quartier“ sowie die vielen Glasgemälde und Buntglasfenster aus dem 16. und 17. Jahrhundert, die Troyes für Kunstkenner so sehenswert machen.
Zu den Attraktionen zählt außerdem die „Ruelle des Chats“, zu deutsch das „Katzengässchen“; dies ist eine pittoreske Fachwerkgasse im Zentrum.

Die wichtigsten Bahnlinien

Drei bedeutende Hauptbahnen durchqueren die Region Champagne-Ardenne von West nach Ost:

- die hauptsächlich dem Güterverkehr vorbehaltene Nord-Ost-Transversale von der Küste und der Industrieregion um Lille über Charleville-Mézières nach Lothringen,
- die Hauptroute von Paris über Châlons-en-Champagne nach Metz, Nancy und Strasbourg sowie
- im Süden der Region die nicht elektrifizierte Hauptstrecke Paris – Basel über Troyes und Chaumont.

In **Chaumont** beeindruckt einer der mächtigsten und doch filigransten Eisenbahnviadukte Frankreichs (siehe S. 16-19). Über dieses Bauwerk fahren die Corail-Züge der Verbindung Paris – Basel, die mit den formschönen, jüngst remotorisierten schweren Dieselloks der Reihe CC 72100 bespannt sind. Beheimatet sind die stolzen Renner im Dépot von **Culmont-Chalindrey** bei Langres, einem großen Eisenbahnknoten, kreuzt hier doch die wichtige Nord-Süd-Route Nancy – Dijon. Diese Verbindung dient hauptsächlich dem Güterverkehr zwischen Lothringen, den Benelux-Ländern,

Deutschland und Südfrankreich bzw. Italien. Sie ist daher auch elektrifiziert (50 kV/25 Hz Wechselstrom).

Tourenvorschlag 4

Durch die Montagne de Reims nach Épernay

Unbedingt zu empfehlen ist eine Zugfahrt durch das Herz der Champagne von Reims nach Épernay. Auf gut 20 Kilometern werden schon bald nach der Abfahrt in der alten Königsstadt die ersten Weinberge sichtbar, die von der neuen TGV-Strecke nach Osten touchiert werden. Der erste Haltepunkt an der eingleisigen Bahnlinie heißt **Montbré**. Dank eines recht dichten Zugangebotes im Nahverkehr kann die Fahrt hier unterbrochen werden, um in einem der zahlreichen Weinhäuser dieses schmucken Dörfchens die hervorragenden Produkte der Winzer zu kosten. In **Rilly-la-Montagne** ist schon bald der Scheiteltunnel der Montagne (des Gebirges) erreicht, die um die Gipfel bewaldet sind. Nachdem wir nach langer Fahrt das Tunnelende erreicht haben, windet sich die Stecke zunächst in einem waldigen Tal bergab, bevor in **Avenay** erneut ein Weinort allerbester Güte erreicht wird. Hier wachsen u. a. die Trauben für den weltberühmten „Moët-et-Chandon“. Die Weinberge reichen nun

Info: Champagner

Champagner ist ein besonderer Schaumwein, der nur aus den Trauben der Region Champagne gekeltert werden darf. Und das auch nur aus drei Rebsorten: Pinot Noir, Pinot Meunier und Chardonnay. Er zählt zu den berühmtesten und exquisitesten Weinerzeugnissen der Welt. Als sein Erfinder gilt der Mönch Dom Pérignon, der um 1700 die Methode der zweimaligen Gärung begründete. Zu diesem Zweck wird dem Wein Hefe und Rohr- oder Rübenzucker beigegeben, die zweite Gärung dauert dann zwei bis fünf Jahre. Danach wird dem Champagner die Hefe wieder entnommen. Weitere Schritte der Champagnerherstellung sind mehrmaliges Drehen und Rütteln der Flaschen. Die meisten Sorten werden aus den Weinen verschiedener Jahrgänge verschnitten und kommen ohne Jahrgangsangabe auf den Markt. Diese „Assemblage“ ist ein wichtiger Teil der Champagnerherstellung. Teilweise nutzt man über 100 verschiedene Weine für ein Produkt. So können die Hersteller jedes Jahr einen gleichwertigen Champagner produzieren. Das berühmteste Champagnerhaus ist „Moët et Chandon“.

Imposant wirkt die Bahnhofshalle von Troyes, hier mit einem Nahverkehrszug M.B.

bis unmittelbar an die Strecke heran. Bei Ay überqueren wir die Marne, und in **Épernay**, der Stadt der unzähligen Weinkeller, ist unser Wein-Ausflug schon vorbei. Für Bahninteressierte lohnt ein Blick zu den Werkstätten der SNCF, werden doch hier die Wechselstrom-Lokomotiven der Staatsbahn unterhalten.

„Porte de France" heißt der Teil der Befestigung in Givet, der bis zur Maas reicht M.B.

Tourenvorschlag 5

Entlang der Maas durch die Ardennen

Eine der schönsten Bahnlinien im Norden Frankreichs überhaupt ist die zweigleisige, dieselbetriebene Strecke **Charleville-Mézières – Givet** an der belgischen Grenze. Bis 1988 führte die Bahn auch weiter nach Dinant in Belgien; die Gleise liegen noch, aber die Wiederaufnahme des internationalen Verkehrs ist leider derzeit Utopie. Schon kurz nach dem Bahnhof der Hauptstadt des Départements Ardennes wird das Tal der Maas eng und schneidet sich tief in die waldigen Höhenzüge der Ardennen ein. Einige romantische Flusswindungen werden durch Tunnel abgekürzt, so auch die markanten Felsen „quatre fils d'Áymon" bei Monthermé. Das Tal der Maas ist ebenso ein Paradies für Angler, Wanderer

Da freut sich die ganze Familie: Bei der Museumsbahn im (belgischen) Treignes gibt es an Dampftagen viel zu erleben C. Wenger

Unterwegs in den nördlichen Gefilden der Champagne: Ein Regionaltriebwagen Givet – Charleville-Mézières passiert das schöne Dörfchen Montigny-sur-Meuse im unteren Maastal *M. Beitelsmann*

und Kanuten, aber dennoch geht es selbst in der Hochsaison in diesem Landstrich niemals hektisch zu. Schöne Städtchen entlang der Strecke sind Revin und besonders Haybes am gegenüberliegenden Ufer, wo zahlreiche Restaurants die Ardenner Wildspezialitäten auf der Speisekarte haben.

Vor **Givet**, einer Grenz- und Garnisonsstadt mit einer riesigen Festungsanlage, wird das Tal schließlich breiter, und der Zug endet hier. Leider ist die Zugdichte auf diesem Streckenabschnitt nicht sonderlich hoch, aber bei vier bis fünf Zugpaaren sonntags (werktags mehr) lässt sich das schöne Tal bei ein wenig Planung doch sehr gut mit der Eisenbahn erkunden. ■

! Bahn-Tipp: Nach Belgien zur Museumsbahn Mariembourg

Nicht weit vom Tal der Maas, direkt hinter der Grenze, lohnt ein Abstecher zur belgischen Museumsbahn CFV3V (Chemin de fer à trois Vallées – „Dreitälerbahn“) von Mariembourg nach Treignes, dem früheren Grenzbahnhof nach Frankreich.

Auf der reizvollen, ca. 14 Kilometer langen Museumsstrecke, die durch die schöne Ardenner Landschaft führt und sogar einen Tunnel und eine enge Ortsdurchfahrt aufweist, wird an Wochenenden ein vielfältiger Verkehr mit Dampfzügen und historischen Triebwagen angeboten. Zum Einsatz gelangen auch frühere SNCF-Fahrzeuge. Besonders sehenswert ist das kleine Eisenbahnmuseum im Endbahnhof Treignes.

Adresse: C.F.V.3.V. asbl, Chaussée de Givet 49-51. B-5660 Mariembourg; Internet: http://users.skynet.be/cfv3v/index.html

Ein typisches Bild für Lothringen: Stahlindustrie und Hauptstrecken. Auch wenn die meisten Hochöfen in Uckange bei Thionville heute erloschen sind, als Umgebung für den Zug beeindrucken sie nach wie vor M.B.

Lorraine

Region und Landschaft

Lothringen nennt sich die geschichtsträchtige nordöstliche **Grenzregion** auf deutsch, die – ebenso wie das Elsass – im Laufe der Geschichte mehrfach zwischen Deutschland und Frankreich hin- und hergerissen wurde. Bereits im frühen Mittelalter versuchte Lothringen vergeblich, einen eigenständigen Platz neben Deutschland und Frankreich zu finden. Mehrfach wurde die Region zwischen den beiden Nationen geteilt und wieder vereinigt. Der kriegerische Teil der Geschichte beider Länder manifestiert sich auf traurige Weise auf den Schlachtfeldern des Ersten Weltkrieges in Verdun. Zuletzt besetzten deutsche Truppen im Zweiten Weltkrieg das seit dem Versailler Vertrag von 1919 vollständig zu Frankreich gehörende Gebiet. Doch die Vergangenheit ist überwunden, das Verhältnis zwischen Deutschen und Franzosen ist herzlich wie nie zuvor. Die deutsche Sprache allerdings, die besonders im nordöstlichen Bereich – dem Département Moselle zwischen Thionville, Metz und Forbach – als moselfränkischer Dialekt gesprochen wurde, befindet sich auf dem Rückzug.

Info: Lorraine

Fläche:	23.547 km²
Einwohnerzahl:	2.310.000
Hauptstadt:	Metz
Départements: 4 (Meurthe-et-Moselle, Meuse, Moselle, Vosges)	
Wichtige Bahnknoten: Metz, Nancy, Thionville, Toul, Épinal, Sarrebourg, Bar-le-Duc	
Mehr im Internet unter: http://www.crt-lorraine.fr/pages/fr/215.htm	

Unterhalb des Jagdschlosses von König Stanislas eilt dieser EC durch Commercy

Mit Zügen französischer Bauart mischt die Luxemburger Staatsbahn in Lothringen mit

Eine Einheit der legendären EAD befindet sich bei Pont-St-Vincent am Anfang der Reise über die „Flaschenbahn" nach Vittel *C. Wenger (2, auch S. 74 u.l.), M.B. (S. 74 u.r.)*

Bis vor wenigen Jahren prägte die **Schwerindustrie** weite Teile des nördlichen Lothringen – heute hat sie ihre Bedeutung für die Region weitgehend verloren. Basierend auf Eisenerzvorkommen im nördlichen und Kohlefeldern im östlichen Bereich, entstanden im 19. Jahrhundert zahlreiche Hüttenwerke und Metall verarbeitende Betriebe. Lediglich im Moseltal zwischen Nancy, Metz und Thionville produzieren heute noch viele Werke der Stahlbranche, und auch der Energiesektor ist mit einigen Kraftwerken stark in Lorraine vertreten. Im Grenzbereich zum Saarland wurde zudem bis ins Jahr 2003 noch Kohle gefördert; auch hiervon ist heute kaum etwas zu erkennen.

Lorraine, das ist aber nicht nur eine Industrieregion. Viele liebliche Städtchen und Dörfer in den windungsreichen Tälern von Maas, Mosel und Saar lohnen als Ausflugsziel, Wiesen und Wälder lösen sich im steten Wechsel ab. Im südöstlichen Teil der Lorraine liegen die **Vogesen**, ein uriges Mittelgebirge mit weiten Wäldern und abgeschiedenen Tälern. Hier finden sich auch die Quellgebiete von Saar und Mosel.

Kulinarisch hat die Lorraine ebenfalls einiges zu bieten: Neben Wildspezialitäten besonders aus den Wäldern der Vogesen locken frische Biere und so pikante Gerichte wie die „Quiche Lorraine" in die zahlreich vorhandenen Gasthäuser dieses urigen Landstrichs.

Eisenbahnknoten Metz: Im Stadtteil Sablon werden Dieselzüge gewartet *M. Beitelsmann*

Durch die Industrialisierung der Region spannte sich schon früh ein **dichtes Eisenbahnnetz** im Herzen der Lorraine. Bereits 1850 wurde die Linie Nancy – Metz eröffnet, auch heute noch die wichtigste Bahnstrecke der Region. Der Rangierbahnhof Woippy bei Metz zählt zu den größten des Landes. Bedingt durch den Bahnbau in „deutscher" Zeit zwischen 1850 und 1919, wird auf vielen Strecken abweichend zum übrigen Land im Rechtsverkehr gefahren.

Metz

Metz, die schöne! Größte Stadt Lothringens und zugleich **Hauptstadt der Region** und des Départements Moselle, spiegelt sie die wechselvolle Geschichte des gesamten Landstriches wider. Metz ist eine keltische Gründung – erste Besiedlungsspuren finden sich ab 3000 v. Chr. – und war in der Römerzeit die größte Stadt Galliens, noch vor Paris (Lutetia). Später wurde die Stadt der Stammsitz der Karolinger und zu deutschen Zeiten dann freie Reichsstadt. An Sehenswürdigkeiten sticht vor allem die gotische Kathedrale Saint-Étienne hervor, die mit ihrem gedrungenen Turm die Altstadtkulisse beherrscht. Die Kirchenfenster wurden von Marc Chagall entworfen. Auch das historische Stadttor „Porte des Allemands" und die Reste der Stadtbefestigung sind sehenswert.

Für Freunde der Eisenbahn ist ein Besuch des mächtigen **Hauptbahnhof**es Pflicht; er wurde Anfang des 20. Jahrhunderts von den „Preußen" im neugotischen Stil errichtet. Markant ist der Uhrenturm. Ein Bahnhofsgebäude im ähnlichen Stil findet man übrigens in Gießen. Als Eisenbahnknotenpunkt hat Metz eine überragende Bedeutung, kreuzen sich hier doch die beiden wichtigsten Transversalen der Region: Die Ost-West-Route Paris – Bar-le-Duc – Saarbrücken und die nicht minder bedeutsame Linie Trier/ Luxembourg – Thionville – Nancy (– Dijon). Eine Güterumgehungsbahn längs der Mosel führt am Hauptbahnhof vorbei, und in Metz-Sablon besitzt die SNCF ein großes Dépôt (vor allem mit Dieseltriebwagen). Nicht zu vergessen ist der bereits erwähnte Rangierbahnhof Woippy.

Nancy

Nancy ist mit 200.000 Einwohnern die zweitgrößte Stadt der Region, die Hauptstadt des Départements Meurthe-et-Moselle und zugleich auch der dauerhafte Konkurrent zu Metz. Dabei braucht sich Nancy gegenüber Metz keineswegs zu verstecken: Die Innenstadt ist genauso sehenswert. Der weltberühmte „Place Stanislas" im Zentrum der Universitätsstadt, benannt nach einem ehemaligen polnischen König und Herrscher von Lothringen im 18. Jahrhundert, zählt zu den schönsten Plätzen landesweit. Wegen seiner einzigartigen Anlage und den anliegenden eleganten Bauten wurde er im Jahr 1983 zum UNESCO-Weltkulturerbe erhoben.

Entsprechend der Bedeutung als Handelsstadt ist Nancy ein großer Verkehrsknotenpunkt. Im **Bahnhof** treffen neben der Linie aus Metz die Linien aus Paris über Bar-le-Duc, aus Strasbourg sowie aus Épinal zusammen. Die letztgenannte Strecke wurde jüngst elektrifiziert, damit der TGV Est auch die Hauptstadt des Départements Vosges umsteigefrei an Paris anbinden kann.

Tourenvorschlag 6

Die Hauptschlagadern der Region

Um einen Eindruck vom Bahnbetrieb in Lorraine zu erhalten, lohnt sich eine Reise auf den drei wichtigsten Strecken der Region. Dabei ist die Abfolge fast beliebig kombinierbar – je nachdem, aus welcher Richtung man anreist. Wir haben hier die Zufahrt von Norden gewählt.

(Luxembourg –) Thionville – Metz – Nancy

Die Nord-Süd-Hauptroute durch die Lorraine dient dem Güter- wie dem Personenverkehr. Sie ist eine der am dichtest befahrenen Eisenbahnstrecken in

Harte Arbeit auf der Strecke von Lerouville nach Metz: Ein Güterzug erklimmt die Rampe von Boncourt *M. Beitelsmann*

Bei Arzviller verläuft die Strecke nach Strasbourg entlang des Rhein-Marne-Kanals; der Eisenbahntunnel im Hintergrund liegt parallel zum Tunnel der Wasserstraße *C. Wenger*

Frankreich überhaupt, daher lohnt sich ein Besuch besonders. Zwischen Thionville und Metz ist die Strecke viergleisig ausgebaut. Zum Teil sieht man rechts und links noch Stahlwerke aus der industriellen Vergangenheit Lothringens. Genau in der Mitte zwischen Metz und Nancy, in der Nähe von Pont-à-Mousson, entsteht der neue TGV-Bahnhof „Lorraine"; die schnellen TGV-Züge aus Paris lassen dann die beiden Großstädte wohl größtenteils links (und rechts) liegen. In Metz angekommen, kann man gleich nach Nancy weiterfahren. Alternativ gibt es aber auch die Möglichkeit, einen Abstecher Richtung Deutschland zu machen.

Metz – Forbach (– Saarbrücken)

Landschaftlich eher etwas zurückhaltend, beeindruckt die Strecke durch den reichhaltigen **internationalen Verkehr**. Hier fahren EuroCity-Züge und, gemäß der industriellen Struktur des Gebietes, viele Güterzüge. Die Frachtverbindung von und nach Saarbrücken ist fest in der Hand der deutschen Mehrstrom-Elektroloks der Baureihe 185; vor den EuroCity-Zügen kommt (noch) die deutsche Zweisystem-Reihe 181.2 zum Einsatz. Der Lokwechsel erfolgt in Woippy bzw. Metz. Über Metz kommt man nach Nancy, wo man auf eine weitere wichtige Verbindung Frankreich – Deutschland trifft.

(Paris –) Bar-le-Duc – Nancy – Saverne (– Strasbourg)

Diese Ost-West-Strecke ist ebenfalls dicht befahren. Die Schnellzüge bestehen meist aus Corail-Waggons und werden von den Rennern der Reihe BB15000 gezogen. Zwischen Sarrebourg und Saverne, an der Grenze zum Alsace, zwängt sich die Strecke windungsreich durch die Täler der Vogesen. Hier bieten sich dem Fotografen viele wunderschöne Motive. Besonders erwähnenswert ist der **Tunnel bei Arzviller**, der parallel zum Wasserstraßen-Tunnel des „Canal de la Marne au Rhin" führt. Auch hinter **Saverne** auf dem Weg nach Strasbourg fahren die Züge noch einige Zeit an dieser Wasserstraße entlang.

Leider hat der dichte Zugverkehr bald ein Ende, denn die neue LGV Est nach Strasbourg befindet sich bereits im Bau. Mit dem Betriebsbeginn der TGV-Züge auf dieser Relation – geplant für 2007 – werden die herkömmlichen Schnellzüge zwischen Paris, Nancy und Strasbourg Vergangenheit sein.

Eine der seltenen Elektroloks BB20200 ist bei Arzviller unterwegs *C. Wenger (2)*

Bahn-Tipp: Le chemin de fer d'Abreschviller

Eine echte „Waldbahn" zum Abtransport von Baumstämmen existierte im Département Moselle in der Nähe von Abreschviller mitten in den waldreichen Vogesen. 1884 wurde die 700-Millimeter-Strecke eröffnet und 1888 auf 12 Kilometer Streckenlänge erweitert.
Nachdem der Betrieb im Jahr 1960 eingestellt wurde, begann man bereits 1968, einen Museumsbetrieb aufzubauen. Die Mitfahrt auf den offenen Waggons durch den Wald ist ein einmaliges Erlebnis!

Das Museum verfügt über drei Dampfloks (zwei C-Kuppler von Jung und Décauville, eine Mallet von MF Heilbronn), einige urige Draisinen und zwei Rangierdieselloks.
Verkehrstage: April bis Oktober sonn- und feiertags, Mai bis September auch samstags, im Juli und August täglich.
Kontakt:
Association du chemin de fer d'Abreschviller,
2 place Prévot, F-57560 Abreschviller.
Tel.: (00 33+) 03 87 03 / 71 45
Internet: http://perso.wanadoo.fr/train-abreschviller/Index.html
http://train-abreschviller.fr/

Region und Landschaft

Die Region Alsace, zu gut deutsch: das Elsass, ist die **östlichste Region Frankreichs**. Sie umfasst im Wesentlichen die Oberrheinebene links des Rheins zwischen Karlsruhe und Basel sowie die östlichen Ausläufer der Vogesen. Sie grenzt an die Regionen Lorraine und Franche-Comté. Geschichtlich gesehen, war das Elsass stets zwischen Deutschland und Frankreich umstritten. Seit dem 10. Jahrhundert bis 1648 (Oberelsass) bzw. 1678 (Niederelsass) sowie zwischen 1871 und 1919 gehörte das Elsass zu Deutschland. Auch während des Zweiten Weltkrieges wurde diese Region von Deutschland annektiert. Erst 1945 wurde das Elsass wieder französisch. Glücklicherweise hat sich dies alles nicht auf die Lebensart der Elsässer ausgewirkt, die als ausgesprochen gastfreundlich und humorvoll gelten. Von beiden Ländern das Beste, könnte man meinen, ist im Elsass geblieben. Die Sprache der Elsässer – besonders in den ländlichen Gebieten – erinnert heute noch eher an einen badischen Dialekt als an das Französische. So bewahren sich die Elsässer bei aller Loyalität eine gewisse Eigenständigkeit. **Touristisch** gesehen ist Alsace eine der ersten Adressen in Frankreich. Die

Auf fast allen Nebenlinien in Alsace fahren mittlerweile die „Blauwale". Der TER nach Strasbourg hat bei Mutzig gerade die Vogesen verlassen M. Beitelsmann

Info: Alsace

Fläche:	8.280 km²
Einwohnerzahl:	1.700.000
Hauptstadt:	Strasbourg
Départements: 2 (Bas-Rhin, Haut-Rhin)	
Wichtige Bahnknoten: Strasbourg, Mulhouse, Haguenau	
Mehr im Internet unter: http://www.tourisme-alsace.com/index.php?lg=de	

Alsace

liebliche Landschaft, eine feine raffinierte Küche, sonnenverwöhnte Weinberge am Fuß der Vogesen, malerische Fachwerk-Weindörfer wie Riquewihr, all das steht heute für das Elsass. Aber auch vielfältige Industrie ist hier zu Hause; die Region am Rhein ist wesentlich dichter besiedelt als das übrige Land. Natürlich ist das Elsass gänzlich untypisch für Frankreich; neben Wein wie sonst im Lande wird hier auch gerne Bier getrunken!
Eisenbahngeschichtlich hatte das Elsass seit jeher eine Sonderstellung: In den Jahren nach 1871, als überall Bahnverbindungen entstanden, gehörte der Landstrich zum Deutschen Reich. Aufgrund der Reichsunmittelbarkeit – Elsass-Lothringen unterstand direkt dem Kaiser – war hier keine der Länderbahnen tätig. Eine eigene Bahnverwaltung, die Reichseisenbahn Elsass-Lothringen, zeichnete für den Bau und den Betrieb der Eisenbahn verantwortlich – ein Kuriosum im Deutschen Reich. Auch heute noch wird hier, anders als sonst in Frankreich, **weitgehend im Rechtsverkehr** gefahren.

Bilderbogen aus Strasbourg: oben der Hauptbahnhof mit seiner Halle, in der Mitte das Altstadtviertel „Petite-France“ an der Ill und unten die neue, futuristische Straßenbahn der Stadt *M. Beitelsmann (3)*

Strasbourg

Das Elsass liegt im Herzen Europas – und das merkt man vor allem in Strasbourg. Kapitale Europas nennt sich die stolze Metropole gerne; kein Wunder, am Sitz des Europäischen Parlaments werden weit reichende Entscheidungen für den ganzen Kontinent getroffen. Strasbourg ist aber auch **Hauptstadt der Region Alsace** sowie des Départements Bas-Rhin. Die historische Altstadt wird dominiert vom weithin sichtbaren Turm des Münsters, einem Meisterwerk der Gotik. Die sehenswerte Westfassade ist ein Werk von Meister Erwin von Steinbach (1277 – 1318); den Nordturm schuf Ulrich von Ensingen 1399 – 1419. Vom Turm aus hat man einen prächtigen Ausblick auf die ganze Innenstadt. Überhaupt die **Altstadt**: Reizvoll sind die Kontraste zwischen altelsässischer Fachwerkarchitektur wie im Viertel „Petite-France“ am Ufer der Ill und den Prachtbauten aus früheren französischen Zeiten. Für kulinarische Genießer empfiehlt sich besonders das „Maison Kammerzell“ im Herzen der Altstadt.

Der **Eisenbahnverkehr** in Strasbourg ist vielfältig: Im Hauptbahnhof, der von einer schönen Bahnhofshalle überspannt wird, treffen sich regionaler und internationaler Verkehr. DB-Zweisystemloks der Reihe 181 übernehmen bzw. übergeben hier die Züge von/nach Frankreich; auch RegioShuttle der Ortenau-S-Bahn kommen über die Grenzbrücke über den Rhein von Offenburg herüber. Die SNCF hat im Dépôt im Vorort Hausbergen ihre Renner der Reihe BB15000 beheimatet, die vor allem den Schnellverkehr in Richtung Paris dominieren. In einigen Jahren allerdings, wenn der TGV Est verkehrt, verlieren sie dieses Einsatzge-

Gelegentlich gehen die stolzen Renner der Reihe 141 R in Alsace auf Sonderfahrt; hier ist eine der Mikado-Dampfloks auf der Strecke St-Dié – Strasbourg unterwegs *M. Tueshaus*

biet. Übrigens: In Strasbourg steht als Denkmal in der Nähe des Rangierbahnhofes Hausbergen der Protoyp-Triebkopf TGV 001. Futuristisch wirkt auch mehrere Jahre nach ihrer Eröffnung die moderne **Straßenbahn** in der Hauptstadt des Alsace. Auf vier Linien verbinden die silbernen Niederflurbahnen im dichten Takt die Vororte mit dem Zentrum.

! Bahn-Tipp: Museumsbahn Cernay-St-André – Sentheim

Die Chemin de Fer de la Vallée de la Doller (CFTVD) ist eine normalspurige, 14 Kilometer lange Museumsbahn und liegt im Süden des Alsace westlich von Mulhouse (an der Nebenbahn Mulhouse – Thann). Eingesetzt werden Dampf- und Dieselloks (u. a. der C-Kuppler 030 T 51 namens „Meuse") sowie verschiedene Triebwagen.
Internet: http://www.train-doller.org

Mulhouse

Mühlhausen, wie der deutsche Name der Stadt lautet, ist die **Industriemetropole** im südlichen Elsass und die größte Stadt des Départements Haut-Rhin. Hier treffen die Verbindungen Lyon/Dijon – Besançon sowie Paris – Vesoul auf die Elsass-Hauptstrecke Strasbourg – Basel. Das bedeutendste **Eisenbahnmuseum** Frankreichs ist in dieser Eisenbahnerstadt zuhause (s. eigenen Beitrag auf S. 35). Viele Industriebetriebe, u. a. ein Peugeot-Werk, sorgen auch heute noch für reichlichen Güterverkehr.

Ein Straßenbahnnetz ist jüngst eröffnet worden; in das Netz werden künftig auch SNCF-Strecken wie die Nebenbahn nach Kruth integriert.

Die wichtigsten Bahnlinien

Die Hauptschlagader des Bahnverkehrs in Alsace stellt die elektrifizierte **Route von Strasbourg über Colmar nach Mulhouse** dar. Dicht befahren, dient sie sowohl dem Regionalverkehr als auch Güterzügen; die TER-Züge fahren mit einer Höchstgeschwindigkeit von 160 km/h! Nördlich von Strasbourg hat die alte Hauptlinie über Haguenau nach Wissembourg durch die Grenze nach Deutschland an Bedeutung verloren – daher ist die Strecke nicht elektrifiziert. Wichtig ist auch die Verbindung nach Paris, die Strecke Nr. 4 über Sarrebourg nach Lothringen, die den Hauptkamm der Vogesen quert.
Alsace ist das wichtigste **Bindeglied zwischen Frankreich und Süddeutschland**: Die Rheinbrücke bei Kehl stellt die Verbindung zum elektrifizierten Streckennetz der DB dar – kurioserweise

! Kultur-Tipp: Museum Unterlinden Colmar

In Colmar findet sich dieses schöne Kunstmuseum mit dem berühmten Isenheimer Altar. Öffnungszeiten:
Mai bis Oktober täglich 9 bis 18 Uhr;
November bis April: täglich außer Dienstag 9 bis 12 Uhr und 14 bis 17 Uhr
(geschlossen 1. Januar, 1. Mai, 1. November und 25. Dezember)
Adresse und Kontakt:
1 rue d'Unterlinden, F-68000 Colmar,
Telefon: 33 (0)3 89 20 15 58,
E-Mail: info@musee-unterlinden.com
Internet:
http://www.musee-unterlinden.com
Außerdem sehenswert ist die Altstadt von Colmar mit zahlreichen Fachwerkhäusern.

Zwischen Belfort und Altkirch überspannen zwei große Viadukte weite Täler, der westliche ist der Viadukt von Ballersorf C. Wenger

Im Güterverkehr auf der Nord-Süd-Hauptstrecke gelangen auch Lokomotiven der Luxemburgischen Staatsbahn (CFL) zum Einsatz (Matzenheim, Juli 2004) M. Beitelsmann

ist sie bis heute eingleisig. Erheblich geringere Bedeutung hat der Grenzübergang nach Neuenburg in Südbaden; nur Güterzüge wechseln hier die Rheinseite. In Lauterbourg ist ebenso wie in Wissembourg seit einigen Jahren hingegen der **grenzüberschreitende Personenverkehr** wieder eröffnet worden, auch wenn man (noch?) vom SNCF-Triebwagen in einen DB-Triebwagen umsteigen muss. Inzwischen gibt es durchgehende Züge von Neustadt (Weinstraße), Mainz und Koblenz hierher – ideal für einen Tagesausflug von Deutschland aus!

Ganz im Süden der Region spielt der **Verkehr nach Basel** eine wichtige Rolle; der Grenzort St-Louis ist vollständig mit Basel zusammen gewachsen. Ab Mulhouse führt auch der Verkehr von Paris nach Basel über elsässisches Gebiet. Während sonst nur wenige Zweiglinien in den Tälern der Vogesen enden, zum Beispiel in Kruth oder Metzeral, schlängelt sich die landschaftlich reizvolle Bahnlinie von Strasbourg über Molsheim nach St-Dié quer durch das waldreiche Mittelgebirge.

Tourenvorschlag 7

Durch die nördlichen Vogesen

Für eine Mitfahrt bietet sich zum Beispiel die Bahnlinie **Strasbourg – Sarreguemines** an. Sie führt im nördlichen Alsace aus der Oberrheinebene hinaus und zweigt in Mommenheim von der Hauptlinie nach Nancy/Metz ab. Spätestens dann rollen die „Blauwale" der SNCF in gemächlicher Fahrt den waldreichen **Vogesen** entgegen. Kleine Unterwegsbahnhöfe wie Ingwiller oder Wingen-sur-Moder laden zum Aussteigen ein, um diese urwüchsige Landschaft zu durchwandern. Leider ist die Zugfolge nicht sonderlich hoch, so dass die Weiterfahrt geplant sein will. Immerhin verkehren hier ca. acht bis neun Zugpaare, und die Zeit bis zur Weiterfahrt lässt sich am besten in einem der stets vorhandenen Dorfgasthöfe verweilen. Hinter Wingen wird das Tal zusehends enger, und nach einigen Tunnels ist bei Fromuhl der Scheitelpunkt erreicht. Hier kommen auch Fotografen auf ihre Kosten: Der Streckenverlauf folgt nun dem lieblichen Tal der Eichel hinunter bis zur Saar. Kurz vor **Sarreguemines** ist Lothringen erreicht; hier haben die Züge sogar Anschluss an die Saarbrücker Stadtbahn. ■

Info: Centre

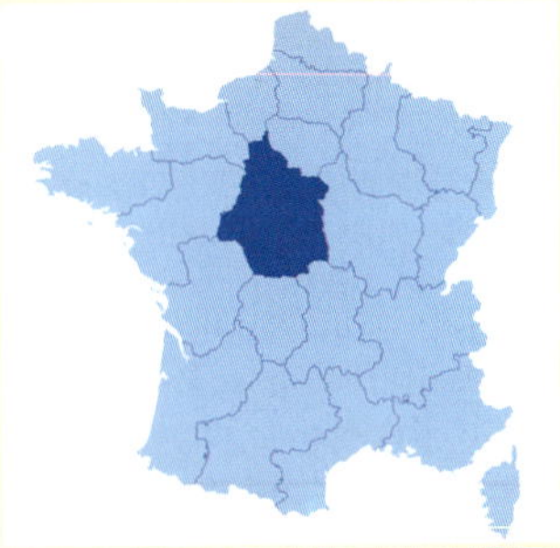

Fläche:	39.151 km^2
Einwohnerzahl:	2.440.000
Hauptstadt:	Orléans

Départements: Cher, Eure-et-Loire, Indre-et-Loire, Loire-et-Cher, Indre, Loiret

Wichtige Bahnknoten:
Tours, Orléans, Vierzon

Mehr im Internet unter:
http://www.tourism-touraine.com/DE_de/

Region, Landschaft und Bahn

Die Region Centre liegt, wie der Name schon sagt, im Zentrum von Frankreich, südwestlich von Paris-Île-de-France. Sie umfasst die Départements Cher, Eure-et-Loir, Indre-et-Loire, Loir-et-Cher, Indre und Loiret mit der Hauptstadt Orléans. Bahnmäßig ist die Region Centre durch eine **Reihe von Hauptstrecken** geprägt, die sich von Paris ausgehend in Richtung Süden und Westen auffächern. Prominenteste von diesen ist die Linie des **TGV Atlantique**; sie verläuft zwischen den alten Linien und teilt sich in die Äste nach Tours und Bordeaux sowie nach Le Mans und weiter nach Westen auf. Die alten Strecken sind mit Gleichstrom

Centre

Die Region Centre steht für sanfte Hügel und viele überregionale Verbindungen. Eine der wenigen Lücken im „grünen Tunnel" der dicht bewachsenen Strecke nach Toulouse gibt es bei Villenne C. Wenger

elektrifiziert, ebenso die in Orléans abzweigende Linie über Châteauroux (Département Indre) ins Midi, wie der Süden Frankreichs allgemein genannt wird. Im Osten verläuft die in jüngeren Jahren elektrifizierte Strecke nach Clermont-Ferrand, die in Montargis eine Systemwechselstelle zum alten Gleichstromnetz um Paris hat – ein klassisches Einsatzgebiet für die Zweisystemmaschinen der Baureihen BB22200 und BB26000 (Sybic).
Da die meisten Verbindungen der Region auf Ziele in größerer Ferne ausgerichtet sind, beschränken wir uns mit einer Reise auf zwei kleine, aber feine Abschnitte in einem Dreieck von Bourges über Tours nach Orléans.

Tourenvorschlag 8

Von Bourges zu den Schlössern der Loire

Centre ist die Region der **Kathedralen und Schlösser**. Dementsprechend starten wir in **Bourges** mit der fünfschiffigen gotischen Kathedrale St.Étienne. Bourges ist mit 75.000 Einwohnern Hauptstadt des Départements Eure und liegt nur wenige Kilometer entfernt vom geografischen Mittelpunkt Frankreichs. Unsere Reise nach Westen führt uns über die Strecke von Nevers nach Tours, der einzigen nicht elektrifizierten Transversale der Region.
In **Gièvres** gibt es Umsteigemöglichkeiten auf die Strecke Salbris – Romorantin –

Durch Châtellerault rauscht dieser TGV auf seinem Weg nach Bordeaux C. Wenger

Luçay le Mâle, eine der ganz wenigen verbliebenen Schmalspurbahnen der SNCF. Die meterspurige Bahn wird von der Keolis-Gruppe im Auftrag der TER Centre mit modernen Triebwagen betrieben. Der Fahrplan ist für eine französische Nebenbahn vergleichsweise dicht.

In **Chenonceau** erwartet uns das erste Schloss im Loire-Tal, im Volksmund „Schloss der Frauen" genannt, da es meist von Königinnen und Mätressen bewohnt und auch mitgestaltet wurde. So ließ Katharina von Medici die berühmten Gärten und die zweigeschossige Galerie auf der Zugangsbrücke errichten.

In **Tours**, mit etwa 140.000 Einwohnern größte Stadt der Region, Hauptstadt des Departements Indre-et-Loire und Knotenpunkt zahlreicher Bahnlinien, steigen wir um zur Fahrt durch das Tal der Loire nach Orléans. Schon nach wenigen Kilometern wartet in Amboise das nächste Schloss auf den Kulturreisenden. Dieses im 15. und 16. Jahrhundert gebaute und unter Einbeziehung italienischer Baumeister erweiterte Schloss gilt als Wiege der Renaissance in Frankreich. Ein eher düster wirkendes Schloss mit massiven Wehrtürmen gibt es in **Chaumont-sur-Loire**, das nächste erwartet uns in **Blois**, der Hauptstadt des Départements Loir-et-Cher. Das stets erweiterte und umgebaute Schloss gilt als Vorbild vieler Barockschlösser. Östlich von Blois, etwas oberhalb des Flusses gelegen, präsentiert sich dann der Höhepunkt jeder Tour zu den Schlössern der Loire. Über 150 Meter breit, 440 Räume, etwa ebensoviel Kamine: Das weltberühmte **Chambord** ist das Sinnbild des Prunkschlosses. Dabei ging die Funktion über eine Sommerresidenz nicht hinaus.

Franz I, Bauherr oder zumindest Mitgestalter aller der genannten Schlösser, hielt es keine drei Wochen in Chambord aus.

Orléans, auch Hauptstadt des Departements Loiret und mit 105.000 Einwohnern die zweitgrößte Stadt der Region, wird überragt von der Kathedrale Sainte-Croix, deren Fenster die Geschichte der Jeanne d'Arc erzählen. Diese zur Legende stilisierte Figur ist als Jungfrau von Orléans untrennbar mit der Stadt verbunden. Religiöse Prophezeiungen, militärische Erfolge und Misserfolge, eine Frau in völlig ungewohnter Rolle, Verrat und Tod auf dem Scheiterhaufen – der klassische Stoff für Legenden.

Wie in vielen größeren Städten Frankreichs verkehrt auch in Orléans seit einigen Jahren eine moderne Straßenbahn, deren Netz stetig erweitert wird.

! Kultur-Tipp: Chartres

Die Stadt liegt etwas abseits unserer Reiseroute im Norden der Region, ist aber sehr sehenswert: Chartres, die Hauptstadt des Départements Eure-et-Loir.

Die Kathedrale Nôtre-Dame de Chartres ist einer der ältesten Bauten im hochgotischen Stil und besticht durch die Skulpturen und Buntglasfenster aus den Jahren um 1215.

Pays-de-la-Loire

Der letzte Streckenabschnitt vor Le Croisic verläuft mitten durch Sümpfe und Salinen
C. Wenger

i Info: Pays-de-la-Loire

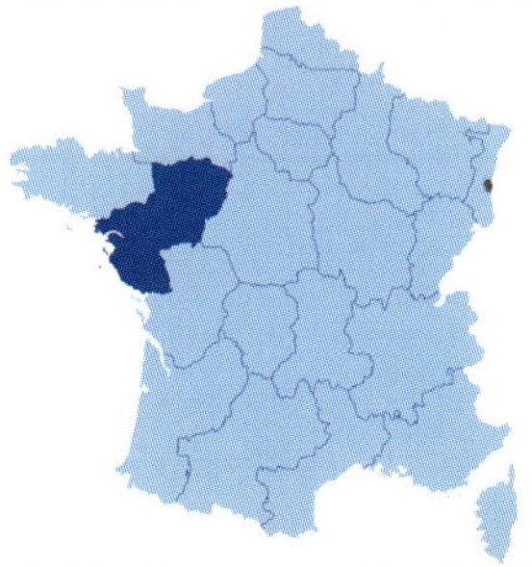

Fläche:	32.082 km²
Einwohnerzahl:	3.000.000
Hauptstadt:	Nantes

Départements: Loire-Atlantique, Maine-et-Loire, Mayenne, Sarthe, Vendée

Wichtige Bahnknoten:
Le Mans, Nantes, Angers, La Roche-sur-Yon

Mehr im Internet unter:
http://www.loiretalatlantik.com/

Region und Landschaft

Die Region Pays-de-la-Loire mit ihren fünf Départements liegt zwischen Normandie, Bretagne, Centre und Poitou-Charentes. Hier wurden unterschiedliche Landschaften mit starker eigener Identität verwaltungstechnisch zusammengelegt; folglich stellt die Region keine wirkliche Einheit dar. Die beiden nördlichen Départements Mayenne und Sarthe liegen an den gleichnamigen Nebenflüssen der Loire, an denen wiederum die Hauptstädte Laval und Le Mans liegen. Ihr landschaftlicher Charakter ähnelt sehr den benachbarten Regionen Normandie und Bretagne. Durch die beiden Départements Maine-et-Loire und Loire-Atlantique mit ihren Verwaltungssitzen Angers und Nantes windet sich der namensgebende Fluss bis zu seiner fjordartigen Mündung bei Nantes, welches mit 270.000 Einwohnern auch

Hauptstadt der Region ist. Das südliche Département Vendée mit seiner Hauptstadt La Roche-sur-Yon liegt am Atlantik und strahlt schon eine eher südfranzösische Atmosphäre aus.

Dicht an der Küste fährt der Triebwagen EAD in Regionallackierung nach Pornic

C. Wenger

Diese modernisierte Triebwagen-Garnitur verlässt soeben den Bahnhof von Bourgneuf-en-Retz

C. Wenger

Die Eisenbahn in der Region

Die Region ist vergleichsweise dicht besiedelt, das Eisenbahnnetz spiegelt dies jedoch nicht wieder. Nur südlich der Hauptstrecke Paris – Le Mans – Angers – Nantes gibt es ein etwas dichteres Netz aus meist nicht elektrifizierten Strecken. Die Hauptstrecken nach Brest und Nantes sind ab Le Mans mit Wechselstrom elektrifiziert. Von der LGV Paris – Tours abzweigend, erreicht ein Ast des **TGV-Atlantique** Le Mans. Die alte Hauptstrecke von Paris aus ist mit Gleichstrom elektrifiziert, so dass Le Mans eine wichtige Systemwechselstelle darstellt. So sind auch in der Region vielfach Zweisystemloks anzutreffen.
Für Fotografen interessant ist die nicht elektrifizierte Strecke Le Mans – Tours, kann man hier doch noch schwere Güterzüge auf einer zweigleisigen Hauptbahn mit doppelten Telegrafenmasten erleben. Höhepunkt der Strecke Le Mans – Brest ist der gemauerte Mayenne Viadukt in **Laval**. Ebenso mit Wechselstrom ausgestattet ist die Transversale Angers – Tours mit einem Abzweig nach Thouars und Nantes – Redon – Rennes / Brest.

! Bahn-Tipp: CF de Vendée

Von der Nebenlinie Le Mans – Cholet – Nantes zweigt in Mortagne sur Sèvre der 22 Kilometer lange Chemin de Fer de Vendée, eine Touristikbahn nach Les Herbiers, ab. Neben dampfbespannten Zügen dieselt auch ein Triebwagen x3800 „Picasso“ über die drei gemauerten Viadukte der Linie.
http://www.trains-fr.org/unecto/cfvendee/
http://www.membres.lycos.fr/vapeurvendee/

Bei St-Gilles-Croix-de-Vie endet die Strecke von Nantes direkt am Hafen. Von hier aus hat man Anschluss zur Île d'Yeu *C. Wenger*

Für die südlichen Strecken sind in Nantes einige Dieselloks sowie Triebwagen der Bauart EAD stationiert. Einige von diesen weisen eine für die Region typische weiße Lackierung auf. Ferner sind hier drei x2100 beheimatet, die von der Region beschafft wurden (x92101 – x92103).
Der Atlantik wird an vier Orten durch Stichstrecken erreicht. Die nördliche zweigt von der Linie Nantes – Redon ab und führt als einzige elektrifizierte über St-Nazaire und La Baule nach **Le Croisic**. Der Bedeutung der Zielregion entsprechend, erreicht der TGV mehrmals täglich diesen Ort. Für Fotografen interessant sind die eingleisigen, durch die Salinen bei Le Croisic führenden Abschnitte; selten sieht man TGV-Garnituren vor solch ländlicher Kulisse.
Von Nantes aus gibt es die in St-Pazaune abzweigenden Strecken nach Pornic und St-Gilles-Croix-de-Vie, auf denen meist die oben erwähnten weiß lackierten EAD eingesetzt werden.
In **La Roche-sur-Yon** kreuzen sich die zur Elektrifizierung anstehende Verbindung Nantes – La Rochelle und die Strecke von Tours über Thouars nach St-Gilles-Croix-de-Vie, dem südlichsten Atlantikhafen mit Bahnanbindung.

Bourgogne

Region und Landschaft

Das Burgund, wie die Region auf deutsch genannt wird, ist einer der geschichtlich interessantesten Landstriche von ganz Frankreich. In Alesia erlitten die Gallier ihre vernichtende Niederlage gegen Cäsar – der Beginn der römischen Herrschaft im heutigen Frankreich. Im fränkischen Reich Karls des Großen lag Burgund im Zentrum. Durch den Vertrag von Verdun von 843, der die Teilung des karolingischen Reiches erstmals besiegelte, erstreckte sich das Königreich Burgund im Mittelalter von der Rhône bis an den Rhein. Die heutige Region Bourgogne umfasst hingegen im wesentlichen das **Territorium des früheren Herzogtums** Burgund mit seiner alten Hauptstadt Dijon. Aber auch als geistliches Zentrum war Burgund schon früh bekannt: In Cluny gründeten einst die Benediktiner das bedeutendste Kloster Mitteleuropas. Berühmt ist die Bourgogne besonders durch die herrlichen Rotweine, die hier angebaut werden. Malerische Weinberge breiten sich über den sanften Hängen der Saône, Serein oder Loire aus; romantische, efeuumrankte Weingüter laden zu Weinproben ein. Viehzucht wird in der Bourgogne ebenfalls groß geschrieben: Als Heimat der urwüchsigen Charolais-Rinder ist die Region führend. Im Herzen des Landes, zwischen Vézelay und Autun, sorgt das waldige Bergland des Morvan für ein kühleres Klima.
Die Bourgogne ist auch ein klassisches Durchgangsland: Durch diese Region verlaufen die Hauptreisewege von Paris, den Benelux-Ländern und Nord- bzw. Westdeutschland zur französischen Mittelmeerküste und nach Italien. Die Sonne des Südens ist hier schon deutlich spürbarer als beispielsweise in Paris oder

„Ligne Impériale Classique!" Elektrolok BB9284 mit einem Corail-Zug auf dem Viadukt bei Velars-sur-Ouche *M. Beitelsmann*

Ein Caravelle-Triebwagen sonnt sich im Bahnhof von Auxerre *M. Beitelsmann*

Info: Bourgogne

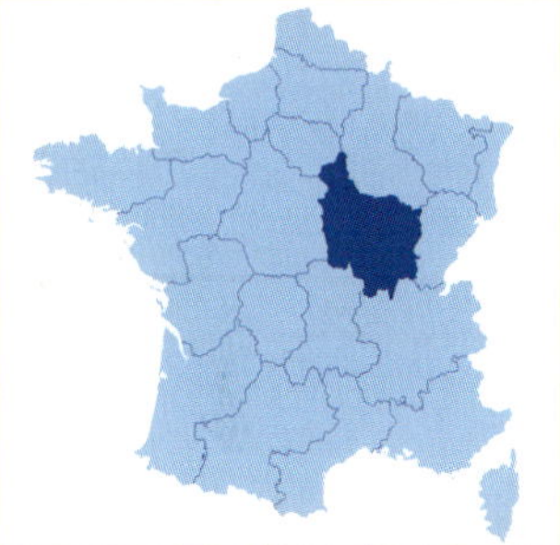

Fläche:	31.741 km²
Einwohnerzahl:	1.610.000
Hauptstadt:	Dijon
Départements: 4 (Côte-d'Or, Saône-et-Loire, Nièvre, Yonne)	
Wichtige Bahnknoten: Dijon, Mâcon, Nevers, Paray-le-Monial	

Mehr im Internet unter:
http://www.burgund-tourismus.com/
http://www.chablis.net/
http://www.cotedor-tourisme.com

Die Route Paris – Dijon zählt zu den dichtest befahrenen in ganz Frankreich. Auch der TGV nach Genf nimmt diesen Weg *M. Beitelsmann*

Heute selten: In Cravant regeln noch die alten Formsignale den Zugverkehr *M. Beitelsmann*

in Lothringen. Im Westen reicht die Bourgogne bis an die Loire; Nevers ist das Zentrum des Départements Nièvre. Die Stadt liegt bereits an der wichtigen Nord-Süd-Strecke Paris – Clermont-Ferrand. Spektakuläre Bergpanoramen oder Meeresstrände hat die Bourgogne dem Besucher zwar nicht zu bieten, aber reiche Kulturschätze, eine sanfte, gewellte Landschaft und den heiteren Charme der vielen kleinen Weinstädtchen und ihrer Bewohner. Für viele ist das der Inbegriff des französischen „savoir vivre".

Dijon

Hauptort der Region ist Dijon, eine alte, vornehme Herzogsstadt und eine der kulturell bedeutsamsten und sehenswertesten Großstädte Frankreichs. Hier findet der Besucher prachtvolle Renaissancepaläste und elegante Plätze ebenso wie romantische Fachwerkhäuser und verwinkelte Gassen. Einen Besuch wert ist das Musée des Beaux-Arts im früheren Herzogspalast „Palais des Ducs" mit einzigartigen Skulpturen, eine der ältesten und wertvollsten Kunstsammlungen des Landes. Bekannt ist Dijon außerdem durch die Senfherstellung, die hier eine Jahrhunderte alte Tradition besitzt.
Als **größte Stadt der Region** Bourgogne ist Dijon zugleich der wichtigste Bahnknoten weit und breit. Bedingt durch die Lage am Schnittpunkt mehrerer großer Bahnlinien, kommt Dijon eine herausragende Bedeutung zu, dementsprechend steht hier eines der größten Lokdepots der SNCF. Im Süden der Stadt befindet sich außerdem einer der größten Güterbahnhöfe Frankreichs.

Die wichtigsten Bahnlinien

Von überragender Bedeutung für Bourgogne ist die alte PLM-Hauptstrecke Paris – Dijon – Lyon (– Marseille), die **„Route impériale“**, die bis Dijon sogar teilweise viergleisig ausgebaut ist. Durch die Eröffnung der ersten Schnellfahrstrecke für den TGV zwischen Paris und Lyon im Jahre 1981 büßte sie zwar ihre Vormachtstellung im schnellen Personenverkehr ein, dennoch besitzt sie weiterhin einige Bedeutung, besonders im Güterverkehr. Bei Montbard erreicht ein Abzweig von der LGV die alte Route. Absolut sehenswert ist die Rampe der Strecke im Abschnitt bei **Blaisy-Bas** (siehe Infokasten). In Dijon trifft die Route auf die ebenfalls bedeutsame Nord-Süd-Achse von Metz; diese schwenkt hier nach Süden, Mâcon und Lyon entgegen. Dijon ist auch Abzweigbahnhof für die Verbindungen über Dole in die Schweiz bzw. in das Jura. Eine weitere Strecke führt nach Bourg-en-Bresse; sie nimmt den Verkehr nach Genf bzw. über die Mont-Cenis-Linie nach Turin auf. Beide Relationen werden auch von TGV-Zügen genutzt.

Wer es eher gemächlich liebt, dem sei eine Mitfahrt auf der Linie Laroche-Migennes – Étang empfohlen; sie führt durch die Mitte Burgunds vorbei an romantischen Fachwerkstädtchen wie **Auxerre** oder dem historischen Autun, das römische Stadttore in seine Stadtbegrenzung integriert hat. Diese Strecke ist noch nicht elektrifiziert, moderne wie ältere Dieseltriebwagen bewältigen den Personenverkehr. Empfehlenswert ist auch eine Fahrt auf der ebenfalls dieselbetriebenen Ost-West-Querverbindung von Dijon über Chagny und Montchanin nach Nevers – auf der zweigleisigen Strecke verkehren sogar einige Express-Züge. Von Montchanin führt außerdem eine Bahnlinie nach **Paray-le-Monial**, einem weiteren Bahn-

Güterzug mit einer modernen „Astride“-Lok auf der ligne impériale *M. Beitelsmann*

Info: Die Burgunder Weine

Weine aus Burgund genießen Weltruhm. Namen wie Chablis, Nuits-Saint-Georges, Chalonnaise oder Mercurey lassen Weinliebhabern das Wasser im Munde zusammen laufen. Allen Anbauregionen gemein ist die Tatsache, dass die Weingüter oft Familienbetriebe sind – Massenproduktion ist ein Fremdwort. In der Bourgogne gibt es ca. 4.500 Weingüter; die meisten davon verkaufen ihre Weine direkt ab Erzeuger. Daneben existieren noch einige Winzergenossenschaften (Cave coopérative), die ebenfalls oft Weinproben anbieten. Die am häufigsten verwendeten Rebsorten sind Chardonnay und Pinot Noir. Burgunder Rotweine sind meist aromatisch und gehaltvoll, die trockenen Weißweine von der Côte de Beaune gelten als die besten der Welt.

Kontakt:
Bureau Interprofessionel des Vins de Bourgogne; B.P. 150, F-21204 Beaune cedex,
Tel. 33(0)3 80250480
Internet: http://www.vins-bourgogne.fr

Stillleben im Bahnhof von Cravant. So gemächlich geht es in der Region Bourgogne jedoch nur auf wenigen Nebenstrecken zu M. Beitelsmann

! Bahn-Tipp: Die Rampe von Blaisy-Bas

Die PLM bekam es bei der „Route impériale" auch mit den herrlichen Burgunder Waldgebieten zu tun. Um den über 400 Meter messenden Höhenzug von Blaisy-Bas zu überwinden, mussten die Bahnbauer ihre ganze Ingenieurskunst aufwenden. Auf der Westseite ist die Rampe von Les-Laumes-Alésia bis Blaisy-Bas seit vielen Jahren viergleisig, um schnellen Zügen die Überholung der Güterzüge zu ermöglichen. Nach der Durchfahrt des Scheiteltunnels wird bei Mâlain ein herrliches bewaldetes Tal erreicht, bevor die Strecke in einem gehörigen Gefälle hinab in die Ebene bei Dijon führt. Zahlreiche Kunstbauten, wie Tunnel oder Viadukte, sorgen für Fotomotive, zumal die Zugfolge für französische Verhältnisse recht dicht ist. Vom TGV über Nahverkehrstriebwagen bis hin zum Güterzug sind alle Arten von Zuggattungen zu erleben.

knoten, von wo aus unter anderem Anschluss nach Lyon besteht.
Im Gegensatz zu diesen gemütlichen Landpartien steht eine Mitfahrt mit dem TGV auf der benachbarten Linie **Paris-Sud-Est**. Die Trasse durchschneidet die Bourgogne von Nordwest nach Südost, verläuft zum Teil recht steigungs- und windungsreich und lässt die Ortschaften meist „links liegen". Neue TGV-Bahnhöfe entstanden nur bei Le Creusot, einst Bergbauregion und Ort einer der größten französischen Lokfabriken, sowie bei Mâcon. Zur Erkundung der Bourgogne ist eine TGV-Reise daher eher ungeeignet.
Die **„Ligne du Bourbonnais"** Paris – Clermont-Ferrand berührt die Bourgogne in ihren westlichen Ausläufern. Nevers im Tal der Loire ist Bahnknoten und Départements-Hauptstadt zugleich. Diese Strecke ist mit 25-kV-Wechselstrom elektrifiziert – im Gegensatz zu allen anderen klassischen Linien der Region Bourgogne.

Tourenvorschlag 9

Von Dijon nach Mâcon

Ein Ausflug von Dijon durch das Herz der Bourgogne führt uns über 125 Kilometer entlang der traditionsreichen „Route impériale" südwärts. Die Reise beginnt im „Hauptbahnhof" Dijon-Ville. Von hier fährt der Zug zunächst durch flache Landschaft mit Industrie- und Gewerbegebieten. Doch schon bald sind die ersten Weinfelder der Côte de Nuits zu erkennen. Der erste größere Ort, in dem wir halten, ist Beaune in der Weinbauregion Côte d´Or. **Beaune** ist einen Zwischenstopp wert: Die Stadt wartet mit dem berühmten Hôtel-Dieu auf, einem Bau aus dem 15. Jahrhundert mit einem reichhaltig verzierten Dach. Auch das Musée du Vin im ehemaligen Palast der Herzöge von Burgund ist sehenswert. Von Beaune geht die Fahrt durch liebliche Wein- und Weidelandschaft nach **Chalon-sur-Saône**, einem romantischen Städtchen am gleichnamigen Fluss. Auch sie ist ein wichtiger Handelsplatz für Burgunderweine. Nun sind wir endgültig im Herzen der Côte d´Or angelangt; reizvolle Städtchen wie Sennecey oder Tournus am Ufer der Saône lohnen in jedem Falle eine Fahrtunterbrechung. In **Mâcon** schließlich, der Hauptstadt des Départements Saône-et-Loire, haben wir das Ziel unseres Ausflugs erreicht. Hier ist schon der Hauch des Südens zu spüren; die Stadt grenzt an die Region Rhône-Alpes. Südlich von Mâcon erreicht auch die LGV Paris – Lyon das Tal der Saône; wir aber fahren zurück nach Dijon. Sofern etwas mehr Zeit zur Verfügung stehen sollte, kann der Rückweg nach Chalon auch über Cluny angetreten werden. Leider verkehrt hier nur noch der Bus.

Die Rampe von Blaisy-Bas ist viergleisig ausgebaut; hier ein moderner Nahverkehrstriebwagen bei Turcey M. Beitelsmann

Info: Klosteranlage Cluny

Die Benediktinerabtei Cluny war einst neben Rom das wichtigste geistliche und geistige Zentrum der Christenheit. Hier stand die neben St. Peter in Rom weltweit größte Basilika. Von der riesigen, 910 gegründeten Klosteranlage blieben nach der Französischen Revolution nur wenige Türme und Mauerreste erhalten (Foto: MHZ). Überlebt hat jedoch der **„Geist von Cluny"**, der das ideale Mönchsleben verkörpert. Bernhard von Cluny hat die Regeln schon 1048 notiert.

en voyage...
172178
en voyage...

Franche-Comté

Die Strecke Paris – Basel ist die letzte große nicht elektrifizierte Fernlinie Frankreichs; hier haben die Dieselloks CC 72100 mit Schnell- und Güterzügen das Sagen

M. Beitelsmann

Region und Landschaft

Die Region hat eine über 200 Kilometer lange Grenze zur südöstlich gelegenen Schweiz, die als natürliche Grenze durch das Juramassiv gebildet wird. Im Norden grenzt sie an die Nachbarregionen Alsace und Champagne-Ardenne, im Westen an die Bourgogne und im Süden an die Region Rhône-Alpes. Die Geschichte der Franche-Comté, was übersetzt „Freigrafschaft“ bedeutet, ist überaus wechselvoll. Als Hausherren folgten sukzessive Franken, Burgunder, die Grafen von Flandern, wieder Burgunder, Habsburger, die spanische Linie der Habsburger und erst 1678 die französische Krone.
König Louis XIV beauftragte den durch viele andere Projekte bekannten Militärarchitekten Sebastien Vauban mit dem Ausbau von **Besançon**, einer Gründung aus römischer Zeit, zur Festung; danach wurde die Stadt Hauptstadt der historischen Provinz Franche-Comté. Die heutige Region wurde in den 1960er-Jahren eingeführt, wieder mit Besançon als Hauptstadt. Die heute 180.000 Einwohner zählende Stadt kann mit einer schönen Altstadt und massiven Festungsanlagen aufwarten, einen guten Rundblick hat man vom Fort Chaudanne aus.

Einer der Eisenbahnknoten in der Franche-Comté: der Bahnhof Besançon-Viotte MHZ

Info: Franche-Comté

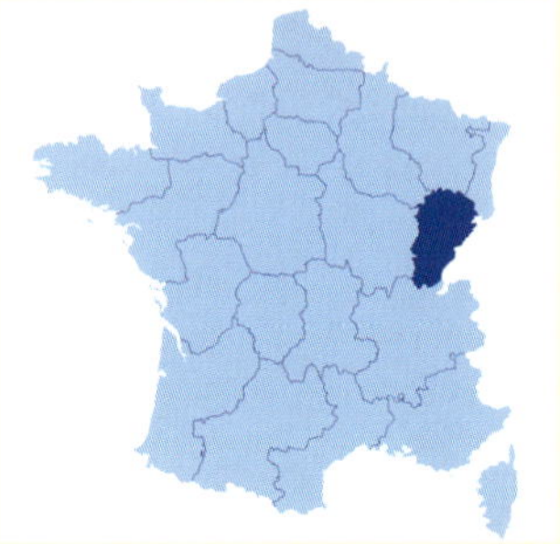

Fläche:	16.200 km²
Einwohnerzahl:	1.120.000
Hauptstadt:	Besançon
Départements: Doubs, Jura, Haute-Saône, Territoire-de-Belfort	
Bahnknoten:	Dôle, Belfort, Besançon

Mehr Im Internet unter: http://www.franche-comte.org/defaut_allemand.htm

Tourenvorschlag 10

Auf der „Rennstrecke“ nach Belfort

Drei Hauptstrecken sowie eine überschaubare Anzahl an Nebenlinien prägen das Eisenbahnnetz der Region. Im Norden verläuft ein Abschnitt der Strecke **Paris – Basel** durch die Départements Haute-Saône und Territoire-de-Belfort. Diese Linie ist eines der beliebtesten Ziele für Eisenbahnfreunde in Frankreich. Nicht zu unrecht, bietet sie doch hochinteressanten Betrieb auf einer zweigleisigen, nicht elektrifizierten Hauptbahn vor der Kulisse einer sanft hügeligen Landschaft. Wo sonst

In faszinierender Form verläuft die Linie zwischen Montbéliard und Besançon durch das Tal des Doubs; hier schlängelt sie sich durch den Ort Clerval C. Wenger

findet man noch mit Dieselloks bespannte Schnellzüge, die mit 160 km/h durchs Land sausen? Noch dazu ist die Strecke auf einer langen Distanz (von der Grenze zur Champagne bis kurz vor Belfort) von Telegrafenmasten gesäumt!
Als Startpunkt der Reise eignet sich **Chaumont**, das eigentlich schon in der Nachbarregion Champagne-Ardennes liegt. Aber immerhin halten dort die Schnellzüge Paris – Basel bzw. Paris – Mulhouse, die einem den Genuss der Geschwindigkeit vermitteln. Zum Einsatz kommen die remotorisierten Dieselloks CC72100, die sich mittlerweile alle im neuen Outfit „En-Voyage“ präsentieren. Sie sind behängt mit bis zu 14 Corail-Wagen. Parallel wird die Strecke im Güterverkehr genutzt; dabei fahren die Sechsachser der Baureihen CC72000 im grünen Fret-Design sowie die letzten Dieselloks der Reihe 68000 (Bauart A1A A1A).

Nächste größere Stadt ist **Vesoul**, der Betriebsmittelpunkt des Abschnitts in der Region und die Hauptstadt des Départements Haute-Saône. Bis dahin ist das Land sehr dünn besiedelt, es gibt keinen Nahverkehr per Bahn. Immerhin fahren

Dampfsonderfahrt in der nördlichen Franche-Comté: Lok 141-R-230 vor einem Sonderzug im Bahnhof Luxeuil-les-Bains M. Tueshaus

! Kultur-Tipp: Saline Royale

in Arc-et-Senans, zwischen den Dörfern Arc und Senans, ließ König Louis XVI zwischen 1775 und 1779 eine Saline als Manufaktur zur Salzgewinnung erbauen. Der Architekt Claude-Nicolas Ledoux errichtete die Gebäude in einem Halbkreis mit streng absolutistischer Ordnung, bei der vom Direktor bis zum Arbeiter jedem sein Platz zugewiesen war. Die Salzproduktion gab man 1895 auf; nach der Sanierung dient das UNESCO-Weltkulturerbe heute als Ort für Ausstellungen.

einige Güterzüge bis zum Knotenpunkt **Culmont-Chalindrey**. Für Fotografen reizvoll sind unter anderem die Begegnungen mit der Saône bei Montureux-les-Baulay, der Einschnitt bei Port-sur-Saône sowie der langgezogene Abstieg vor Vesoul. Das Teilstück zwischen Vesoul und Belfort sieht wenige Güterzüge, weist aber ein wenig Nahverkehr auf. Der Abschnitt östlich von Lure, wo eine Nebenbahn ins nördlich gelegene Epinal abzweigt, verläuft bis Belfort durch waldreiche Gebiete. Freunden moderner Architektur sei unbedingt ein Zwischenstopp in Ronchamp (nur mit Nahverkehrszug möglich) empfohlen; auf einem nahe gelegenen Hügel befindet sich die einzigartige Kirche Nôtre-Dame-du-Haut des Architekten Le Corbusier.

Bei Port-sur-Saône windet sich die Strecke Paris – Basel zu einem Höhenrücken hinauf, der in einem Einschnitt passiert wird

Weitere wichtige Bahnverbindungen

Die zweite Hauptlinie in der Region ist die Transversale **Strasbourg – Lyon**, welche die Region in voller Länge in südwestlicher Richtung durchmisst und dabei die Städte Belfort, Besançon und Lons-le-Saunier – die Hauptstädte der Départements Territoire-de-Belfort, Doubs und Jura – berührt. Diese Bahnlinie wird, wie auch alle anderen elektrifizierten Strecken der Region, mit Wechselstrom versorgt. Die dritte Hauptstrecke könnte man verkürzt als Relation **Dijon – Jura** bezeichnen; sie zweigt in Dijon von der Ligne Impériale ab und führt über das an der Grenze zur Bourgogne gelegene Dôle und das Juragebirge in die Schweiz. Mit der Linie Strasbourg – Lyon kreuzt sie sich in Arc-et-Senans und Mouchard; den Abschnitt zwischen beiden Orten benutzen beide Strecken gemeinsam. Ferner gibt es noch eine direkte Verbindung von Besançon nach Dôle. Da in Dôle und St-Amour an der südlichen Grenze zur Region Rhône-Alpes nur Anschlüsse an das Gleichstromnetz existieren, werden auf den elektrifizierten Strecken der Franche-Comté fast ausschließlich Mehrsystemloks eingesetzt. Vor allem die Sybic-Loks der Baureihe BB26000 sind hier heimisch. **Belfort**, ebenfalls eine alte Festungsstadt, gönnt sich mit einem

Bei Colombier-Fontaine verläuft die Strecke direkt am Rhein-Rhône-Kanal; im Hintergrund eine der durch die Bilder des Malers van Gogh so bekannten Zugbrücken C. Wenger (2)

22 Meter langen und elf Meter hohen Löwen ein monumentales Wahrzeichen. Er erinnert an die deutsche Belagerung während des Krieges 1870/71, die abgebrochen werden musste. Die 75.000 Einwohner zählende Industriestadt schmückt sich außerdem mit dem zweiten Triebkopf des als Turbotrain bekannten Vorläufers des TGV. Mit den Werkshallen der Firma Alsthom ist in Belfort auch die Eisenbahnindustrie zu Hause.
Die Stadt **Montbéliard** fällt gegenüber anderen Orten in der Franche-Comté ein wenig aus dem Rahmen, erinnert ihr Zentrum doch ein wenig an schwäbische Ortschaften. Tatsächlich war sie als „Mömpelgard" jahrhundertelang eine württembergische Exklave. Von Montbéliard bis hinter Besançon folgt die Strecke nach Lyon dem Lauf des Doubs durch eine romantische Flusslandschaft.
Der Streckenabschnitt von Dôle nach Arc-et-Senans verläuft durch den Foret de Chaux, eines der größten zusammenhängenden Waldgebiete Frankreichs.

Der Jura

Einer der sehenswertesten Abschnitte der Franche-Comté ist der Jura, ein Gebirgszug im Osten. Er beginnt südwestlich des Genfer Sees, noch in der Region Rhône-Alpes, und verläuft in weitem Bogen auf französischer und Schweizer Seite bis auf die Höhe einer Linie Montbéliard – Basel. Der Jura ist berühmt für seine wildromantische Landschaft: Durch das schroffe Kalkmassiv ziehen sich tief eingeschnittene Schluchten und Quertäler, meist bedeckt mit ausgedehnten Wäldern. Man findet Wasserfälle, Grotten und Seen, aber ebenso Weideflächen und verträumte Dörfer mit den für die Franche-Comté typischen Haubenkirchen. Im Winter fällt in den Höhenlagen reichlich Schnee – kein Wunder, erreicht der Gebirgszug doch 1.700 Meter. Zum entspannten Urlaub fernab hektischen Stadtlebens ist dieser Teil der Franche-Comté wie geschaffen. Genießer schätzen zudem die Küche und die Käseproduktion.

oben: *Alt und neu mit Triebwagen x73500 und Eisenbahnkran in St-Claude* MHZ (3)
unten: *Der Ort St-Claude liegt tief in die hügelige Juralandschaft eingebettet. Hier ein Zug auf dem Weg Richtung Morez*

Internationale Verbindungen

Der Eisenbahnfan kommt im Jura ebenso auf seine Kosten. Zwar führen nur drei Strecken durch das Gebirge, doch die haben es in sich. Wichtigste Verbindung ist die elektrifizierte Hauptstrecke **Dôle – Mouchard – Andelot – Frasne**, die bereits weiter oben kurz erwähnt wurde. In Frasne teilt sie sich in zwei Äste auf, die über Vallorbe bzw. Pontarlier in die Schweiz führen. Der TGV nutzt sie auf der Fahrt nach Bern bzw. Lausanne. Die Bahnlinie ist in mehrerlei Hinsicht reizvoll: Zwischen Mouchard und Andelot muss sie einen Bergrücken überwinden, bei Pontarlier bzw. Vallorbe beginnt der steile Abstieg zur Schweizer Talseite. Falls erforderlich, erfolgt zuvor der Lokwechsel zwischen SBB und SNCF. Eine weitere internationale Verbindung ist weiter nördlich die Dieselstrecke **Besançon – Le Locle** (Schweiz). Dort fahren die Züge teils durch flach gewelltes Land, teils durch felsiges Terrain.

In Morez kreuzen die Züge von St-Claude und Andelot, im Bild mit x2800 (l.) und x73500. Auf dem Weg von bzw. nach Norden rollen sie auch über den Viadukt im Hintergrund

Tourenvorschlag 11

Die „Linie der Schwalben“

Noch spektakulärer ist die nicht elektrifizierte Strecke, die von Andelot nach Süden gen St-Claude abzweigt. Dabei klettert der Zug von 400 bis auf 900 Meter Höhe und zurück. Als Startpunkte eignen sich **Dôle** oder **Mouchard**; von dort fährt der Triebwagen zunächst auf der „TGV-Trasse“ bis Andelot, wo er Kopf macht, die nächsten Höhenzüge angeht und eine karge Hochebene durchquert. Sensationell ist die Situation in **Morez**, wo es einen Kehrbahnhof und in nächster Nähe vier Viadukte gibt. Hier bewältigt die Bahn in einer fünf Kilometer langen Schleife einen Höhenunterschied von 124 Metern. Um nichts davon zu versäumen, sollte man die in Fahrtrichtung rechte Seite wählen. Denn gleich, nachdem der Triebwagen Morbier verlassen hat, überquert er einen Viadukt – dann zeigt sich tief unten schon Morez samt Bahnstation. Bis der Zug dort eintrifft, verstreichen endlos lange Minuten, so weit führt die Schleife durch das Tal. Im Bahnhof selbst bietet sich ein überwältigendes Panorama: Der Viadukt, von dem aus man die Station sehen konnte, führt direkt gegenüber in Schwindel erregender Höhe vor einem Berghang entlang. Spätestens jetzt wird klar, wie die Bahn zum Spitznamen „Ligne des hirondelles“ (Linie der Schwalben) kam.

Nach erneutem Kopfmachen geht die Reise von Morez aus über einen weiteren Viadukt und dann auf halber Höhe der malerischen Bienne-Schlucht nach **St-Claude**, dem betrieblichen Mittelpunkt der Strecke. In dem schmucken Bahnhof treffen sich die Züge aus Norden (von/nach Dôle bzw. Dijon) und Süden (von/nach Bourg-en-Bresse/Lyon); das ist die Gelegenheit zur Rück- oder Weiterreise. Zwar sieht man auf dieser Strecke immer mehr „Blauwal“-Triebwagen (Reihe x73500), doch noch darf auch der „König der Berge“, der Dieseltriebwagen x2800, durch den Jura röhren.

Poitou-Charentes

Region und Landschaft

Die Region Poitou-Charentes gilt hierzulande selbst unter Frankreich-Kennern als weithin unbekannt – zu Unrecht! Finden sich doch hier die schönsten Atlantik-Strände des Landes und die Austernzüchter der Marennes-Sümpfe beliefern die Feinschmecker in Paris wie anderswo. Der Cognac, vielen Genießern edler Tropfen ein Begriff, wird in der gleichnamigen Stadt hergestellt. Die Region erstreckt sich vom Landesinneren südlich der Loire, dem weiten und fruchtbaren Poitou mit seiner Hauptstadt Poitiers, über die urwaldartigen Sümpfe des Marais-Poitevin und das breite Tal der Charente bis zur Mündung der Gironde in den Atlantik. Hier befinden sich bekannte Urlaubsorte wie Royan und La Palmyre. Zur Küstenregion gehören auch die Insel Ré und die Île d'Oleron, nach Korsika die zweitgrößte Insel Frankreichs. Auf der **Île d'Oleron** gibt es übrigens auch eine diesellokbetriebene Schmalspurbahn für Touristen.
Die **Städte der Region** sind nicht minder sehenswert. Poitiers, die Hauptstadt, liegt eindrucksvoll auf einem Hügel. La Rochelle, die einstige Hochburg der Hugenotten, bietet das perfekte Bild einer alten Hafenstadt.
Wirtschaftlich gesehen ist Poitou-Charentes eher landwirtschaftlich und touristisch geprägt; größere Industrieansiedlungen sind selten. Besonders die feinsandigen Küsten von der Girondemündung bei Royan bis zu den Inseln Oléron und Ré werden im Sommer von den Urlaubern zu Tausenden aufgesucht; entsprechend

links: Fernverkehr in Poitou-Charentes; ein Corail-Zug Nantes – Bordeaux durcheilt Taillebourg an der Charente *M. Beitelsmann*

Keine Frage: In Royan regiert der Ausflugsverkehr. Wer hier aussteigt, will zum Meer! (Foto vom Juli 2005) *M. Beitelsmann*

Info: Poitou-Charentes

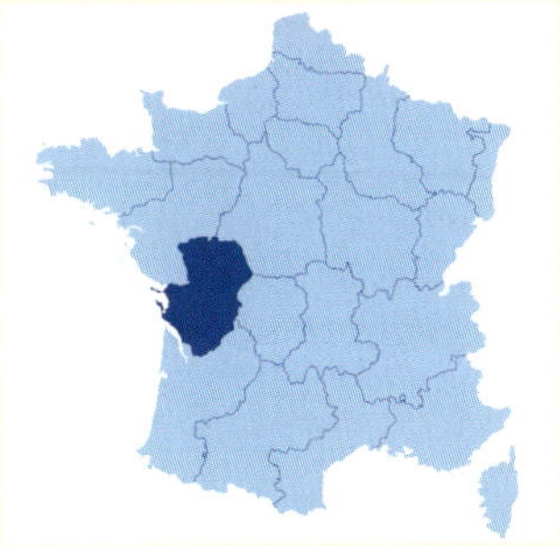

Fläche:	25.810 km²
Einwohnerzahl:	1.640.000
Hauptstadt:	Poitiers

Départements: 4 (Charente, Charente-Maritime, Deux-Sèvres, Vienne)

Wichtige Bahnknoten: Poitiers, La Rochelle, Saintes, Angoulême

Mehr im Internet unter : http://www.poitou-charentes-vacances.com/index_al.php

Eindrucksvoll ist die Bahnhofshalle von La Rochelle. Der TGV Atlantique wartet hier auf seine Rückfahrt nach Paris M. Beitelsmann

groß ist auch der Rummel in manchen sonst eher ruhigen Küstenorten. Daneben gibt es aber reichlich landschaftliche Schönheiten: Sonnenblumenfelder und Weingärten, alte Dörfer und Kirchen. Wer einen fruchtigen Wein oder einen Pineau (Cognac mit Traubensaft vergoren) nicht verachtet, der ist hier bestens aufgehoben in einer der typischsten Regionen des gesamten Landes.

Auf einer 600-Millimeter-Strecke fahren die Touristikzüge der Île d'Oléron von St-Trojan zum Strand A. Knipping

Poitiers

Die **Hauptstadt der Region** und zugleich des Départementes Vienne liegt malerisch und ist Sitz einer der ältesten Universitäten des Landes. Dominiert wird ihre Silhouette von der spätromanischen Kirche Nôtre-Dame-la-Grande. Historisch ist die Stadt sehr bedeutsam: In der Schlacht bei Tours und Poitiers besiegten die Franken unter Karl Martell im Jahr 732 die Mauren und hielten damit den Vormarsch der

Araber auf. Nördlich der Stadt lockt heute der moderne Themenpark „Futuroscope“ Besucher in Scharen an.

La Rochelle

Eine der sehenswertesten Küstenstädte in Frankreich überhaupt ist La Rochelle. Mit Seehandel bereits im Mittelalter wohlhabend geworden, stand die **Hafenstadt** lange unter englischem Einfluss. Durch die Reformation wurde die Bevölkerung protestantisch, was der König mit dem Edikt von Nantes zunächst duldete. Aber bereits 100 Jahre später erzwang Kardinal Richelieu durch eine 13-monatige, qualvolle Belagerung die Kapitulation der stolzen Bürger. Hiervon erholte sich die Stadt jedoch rasch, und wer heute das Panorama des Vieux Port, des alten Hafens mit seinen markanten Türmen, betrachtet, fühlt sich um Jahrhunderte zurückversetzt. In Hafennähe lockt ein großes Aquarium jährlich viele tausend Besucher an. Die Industrie ist in La Rochelle auch zu Hause: Neben den Hafenanlagen sorgen die Produktionshallen von Alsthom, in denen hauptsächlich Straßenbahnen hergestellt werden, für reichlich Güterverkehr.

Der „petit train des Mouettes“ fährt die Reisenden durch das Austernzuchtgebiet an der Seudre *M. Beitelsmann*

Info: Die Austernzucht um Marennes

Austern und Muscheln gedeihen prächtig an den flachen Küstenstreifen zwischen den Inseln Ré und Oléron. Das Mündungsgebiet der Seudre bei Marennes, das durch Ebbe und Flut gezeichnet ist, bietet den Züchtern ideale Bedingungen für die weitere Aufzucht. In speziellen Becken werden die Austern über fünf Jahre großgezogen, bis sie für den Verzehr freigegeben werden. Die beste Sorte, „Fins des Claires“, besticht durch ihren grünlichen Schimmer. Übrigens: Für Eisenbahnfreunde ist eine Fahrt mit dem Museumszug von Saujon entlang der Seudre nach La Tremblade geradezu Pflicht: In den Sommermonaten dampft es auf der ehemals für den Austerntransport errichteten Nebenbahn bis zu dreimal täglich.
Info: http://www.traindesmouettes.com/index_mouettes.asp

Die wichtigsten Bahnlinien

(Tours –) Poitiers – Angoulême (– Bordeaux)

Die wichtige Hauptlinie von Paris nach Südwesten in die Aquitaine durchquert Poitou-Charentes von Nord nach Süd. Sie ist mit Gleichstrom elektrifiziert und dient sowohl dem Fern- als auch dem Güterverkehr. Der Regionalverkehr ist eher spärlich. Der Fernverkehr besteht meist aus TGV-Atlantique-Zügen. In Poitiers zweigt eine Linie nach La Rochelle ab, die mit 25 KV/50 Hz-Wechselstrom elektrifiziert ist. Hier verkehren ebenfalls TGV-Atlantique-Garnituren von und nach Paris.

(Nantes –) La Rochelle – Saintes (– Bordeaux)

Die zweite wichtige Nord-Süd-Verbindung hat noch keinen Fahrdraht. Die zweigleisige Strecke dient hauptsächlich dem Fernverkehr Nantes – Bordeaux, der vor allem mit Dieselloks BB 67000 in Doppeltraktion abgewickelt wird. Rund um den Bahnknoten Saintes, wo eine große TER-Werkstatt beheimatet ist, finden sich zahlreiche Fotomöglichkeiten. Hier beginnt zudem die Nebenlinie nach Royan an der Girondemündung, auf der im Sommer auch durchgehende Corail-Züge von und nach Paris fahren.

Tourenvorschlag 12

Von Angoulême über Saintes nach Royan

Eine schöne Reise, um die Region kennen zu lernen, ist eine Fahrt mit dem Zug von **Angoulême** nach Royan an der Mündung der Gironde. Angoulême, der Sitz der Präfektur der Charente, ist von Paris aus schnell mit mehreren TGV-Zügen zu erreichen. Wir nehmen einen der modernen TER-Dieseltriebwagen, die in einem Tunnel unter dem historischen Stadtzentrum fahren. Kurz danach zweigen wir von der „Aquitaine“, der Hauptstrecke nach Bordeaux, rechts ab. Entlang der Charente, die sich friedlich durch ein breites Tal windet, genießen wir die Landschaft und die Sonnenblumenfelder. Nach einer knappen Stunde werden die Weinfelder üppiger; wir nähern uns **Cognac**. Hier lohnt sich ein Ausstieg wegen der historischen Altstadt und auch wegen der Destillerien für den edlen Weinbrand. Wer die Fahrt fortsetzt, genießt vom Zugfenster aus die unverfälschte Landschaft der Charente. Nach einer weiteren halben Stunde ist der bereits erwähnte Bahnknoten **Saintes** erreicht. Der Hauptort der Saintogne ist jedoch in erster Linie ein touristisches „Muss“, finden sich doch hier zahlreiche Baudenkmäler aus römischer Zeit wie ein Triumphbogen oder eine Arena. Geruhsam ist ein Gang durch die stillen Gassen der Altstadt um die Kathedrale Saint-Pièrre, viele Cafés und Restaurants laden zum Verweilen ein. Ein Tipp für Gourmets sind die Muschelgerichte; die Muscheln stammen fangfrisch aus den nahen Marennes-Sümpfen. Mit einem weiteren Zug geht es nach **Royan** zur Küste. Auf der Nebenbahn nähern wir uns mit zügigem Tempo dem Badeort an der Girondemündung. Leider wurde Royan im Zweiten Weltkrieg fast vollständig zerstört und eher modern wieder errichtet, aber dennoch zählt das Seebad mit seinen herrlichen Sandstränden auch heute noch zu den beliebtesten Badeorten am Atlantik. In der Umgebung locken im Sommer weitere Touristenorte Scharen von Urlaubern an die Küste. Ein erfrischendes Meeresbad beschließt die „Genuss-Reise“ im Westen, bevor es an die Heimreise geht.

Ein langer Triebwagenzug aus x2100-Garnituren im Bahnhof Pisany an der Strecke Saintes – Royan *M. Beitelsmann*

Limousin

Ein Blickfang in Limoges ist der 1929 errichtete Bahnhof Bénédictins mit seinem Uhrenturm. Von hier aus lässt sich die Region sternförmig per Bahn erschließen K. A. Richter

Region und Landschaft

Das Limousin liegt in der Mitte Frankreichs, westlich des Massif Central. Sie besteht aus den Départements Corrèze, Creuse und Haute-Vienne. Die Landschaft hat hügeligen bis gebirgigen Charakter und wird von dem Fluss Vienne durchzogen, an dem auch die Hauptstadt Limoges liegt. Das Gebiet gehörte, aufgeteilt in mehrere Grafschaften, jahrhundertelang zum Haus Anjou-Plantagenet und unterstand somit im mehrfachen Wechsel der englischen und der französischen Krone; erst seit 1607 wurde das Limousin endgültig französisches Staatsgebiet.

Limoges ist eine Gründung aus römischer Zeit auf einem Plateau oberhalb der Vienne, wovon noch heute zahlreiche Bauten zeugen: ein Amphitheater, ein Theater, die Thermen und das Forum. Im Mittelalter entstand die Bischofsstadt La Cité um die Kathedrale St.Étienne. Seit 1771 ist die Stadt für ihre Porzellanmanufakturen bekannt, das Umland ist reich an Kaolinvorkommen. Der schnell wachsenden Industrialisierung folgte auch eine starke Arbeiterbewegung; im 19. Jahrhundert gab es hier erste massive Streiks und 1895 wurde dann die Gewerkschaft CGT gegründet, die noch heute großen Einfluss im Lande besitzt. Mit 133.000 Einwohnern ist Limoges gleichzeitig die Hauptstadt des Départements Haute-Vienne.

Der grandiose, von Uhrenturm und Kuppel überragte Bahnhof Bénédictins wurde 1929 errichtet. Er ist ein zentraler Haltepunkt an der Hauptstrecke Paris – Toulouse, hier kann man auf eine der zahlreichen, sternförmig ins Umland führenden Strecken umsteigen.

Info: Limousin

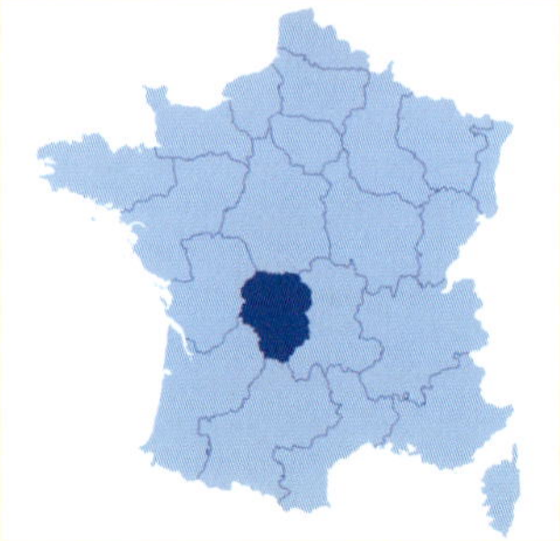

Fläche:	16.942 km²
Einwohnerzahl:	715.000
Hauptstadt:	Limoges
Départements: Corrèze, Creuse, Haute-Vienne	
Wichtige Bahnknoten: Limoges, Brive-la-Gaillarde	

Mehr im Internet unter:
http://www.tourismelimousin.com/fr/
(nur in französischer Sprache)

Die Bahnlinien der Region

Die durchgehend mit Gleichstrom elektrifizierte Strecke **Paris – Toulouse** ist auf dem Gebiet des Limousin reich an Kunstbauten. Das Relief bot dem Bahnbau zahlreiche Hindernisse, es gab wenige Abschnitte, wo man die Trasse problemfrei entlang eines Flusses oder Höhenzuges legen konnte. Somit bietet sich den Reisenden eine spannende Fahrt mit vielen Ausblicken. Allein die 15 Kilometer von Limoges bis zum südlich gelegenen Pierre-Buffière sind geprägt von stetem Wechsel von Viadukten und Tunnel. Interessant ist auch der Abschnitt durch die Gorges de la Vézère südlich der Stadt Uzerche. Etwas weiter südlich wird der Eisenbahnknoten **Brive-la-Gaillarde** erreicht. Ebenso wie in Limoges zweigen

Ein Fernzugpaar täglich passiert den Viaduc de Busseau; hier noch ein „Turbotrain", aktuell ist es ein Zug mit Corail-Wagen

Über den Viaduc des Tardes rollt dieser Dieseltriebwagen x2800 von Montluçon kommend in den Bahnhof von Evaux-les-Bains ein C. Wenger (2)

hier zahlreiche Bahnen in alle Richtungen ab. Eine Verbindung führt in östlicher Richtung über Tulle, Verwaltungssitz des Départements Corrèze, nach Meymac, um mit der Verbindung von Limoges vereinigt weiter über **Ussel** dem Massif Central entgegen zu streben.

Zwischen Limoges und Ussel verkehren von Juni bis September auch Dampfzüge (s. Kasten). Die Strecke führt von Limoges bis Eymoutiers im Tal der Vienne, um dann das Hochplateau von Millevaches zwischen den Flussläufen von Vienne und Vézère zu erklimmen. Bauliche Höhepunkte sind die Viadukte bei Varache und Lacelle sowie der Viaduc des Farges nahe Meymac, am Rande des dicht bewaldeten Hochplateaus.

Eine weitere wichtige Strecke im Zuge der Relation Lyon – Bordeaux, auf der bis 2004 die legendären „Turbotrains" eingesetzt wurden, durchläuft die Region von Ost nach West. Der Abschnitt von Montluçon nach **Guéret**, der Hauptstadt des Départements Creuse, trifft bei St-Sulpice-Laurière auf die Hauptstrecke nach Limoges. Für Fotografen eindrucksvoll ist der **Viaduc de Busseau** östlich von Guéret, eine filigrane Stahlkonstruktion. ■

! Bahn-Tipp: Dampfzüge

Organisiert von der Association Vienne Vézère Vapeur, verkehren von Juni bis September Dampfzüge auf der 110 Kilometer langen Strecke Limoges – Ussel; es werden auch Fahrten auf Teilstücken angeboten. Eingesetzt werden zwei Dampflokomotiven von 1919 beziehungsweise 1932 mit passenden vierachsigen Wagen.
http://www.trainvapeur.com/

Auvergne

Hoch über der Landschaft des Velay grüßt die Burg von St-Vidal den Zug nach Le Puy M. Beitelsmann

Region und Landschaft

Die Auvergne ist eine Region im Norden des vulkanisch geprägten **Massif Central**. Sie entspricht der historischen Provinz gleichen Namens, benannt nach dem gallischen Stamm der Averner. Es gibt die vier Départements Allier, Cantal, Haute-Loire und Puy-de-Dôme. Hauptstadt ist Clermont-Ferrand, mit 137.000 Einwohnern auch die größte Stadt der vergleichsweise dünn besiedelten Region. Die bekanntesten Produkte der Auvergne sind Mineralwasser und exquisite Käsesorten, ein weiterer Wirtschaftsfaktor ist der Tourismus, da die Region zu den schönsten Frankreichs zählt. Besucher finden hier vielfach noch unverbaute Natur und urige Dörfer; beliebtestes Ziel ist die Vulkanregion Chaîne des Puys im Westen von Clermont-Ferrand, überragt vom 1.465 Meter hohen Puy-de-Dôme.

Die Eisenbahn in der Region

Die Region ist ein Paradies für Freunde des **Dieselbetriebes**. Nur zwei der zumeist sternförmig auf Clermont-Ferrand zulaufenden Strecken sind elektrifiziert. Trotz der zentralen Lage im Herzen Frankreichs ist die Bedeutung im Fernverkehr gering, was auf das gebirgige

Info: Auvergne

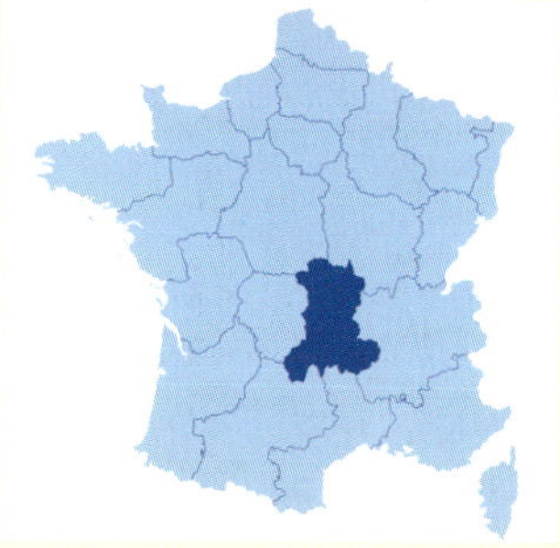

Fläche:	26.013 km^2
Einwohnerzahl:	1.320.000
Hauptstadt:	Clermont-Ferrand
Départements:	Puy-de-Dôme, Cantal, Haute-Loire, Allier
Wichtige Bahnknoten:	Saint Germain-des-Fossés, Clermont-Ferrand, Arvant
Mehr im Internet unter:	http://www.auvergne-tourisme.info/de/index2.php

Relief im Süden und Westen zurückzuführen ist. Erfreulicherweise ist das Eisenbahnnetz nicht so dünn, dieses gilt jedoch für den Fahrplan auf vielen Strecken; eine Bahnreise durch die Auvergne sollte daher gut geplant sein. Viele Strecken führen von Clermont-Ferrand zu Zielen in Nachbarregionen. Die **Hauptachse** von Paris aus durch die Auvergne verläuft in südlicher Richtung nach Nîmes. Nördlich von Clermont-Ferrand ist die Linie zweigleisig und mit Wechselstrom elektrifiziert, das Angebot im Fernverkehr besteht aus den hochwertigen Corail-TÈOZ-Zügen. Die Strecke verläuft über Moulins, den Verwaltungssitz des Départements Allier, durch das im Nordosten der Auvergne eher sanft hügelige Land. Verbindungen nach Lyon gibt es von Moulins über Paray-le-Monial und von St-Germain-des-Fossés via Roanne. Letztere ist Teil der Transversale Lyon – Bordeaux, die das Département Allier im Norden der Auvergne durch-

Einfach überragend: der Puy-de-Dôme sowie der Triebwagen x2800 C. Wenger

quert. Der westliche Ast führt über Montluçon nach Limoges. Schon diese Strecke nördlich des Berglandes wartet mit Höhepunkten auf. Auf dem Abschnitt Gannat – Lapeyrouse überquert die Bahn mittels mehrerer großer Stahlfachwerkbrücken tief eingeschnittene Täler.

Tourenvorschlag 13

Durch das Land der Vulkane

Die von Montluçon nach Süden verlaufende Nebenbahn über Evaux-les-Bains nach Eygurande an der Grenze zum Limousin bringt den Reisenden durch einsame Landstriche. Die etwas weiter östlich ebenfalls nach Süden verlaufende Bahn von Lapeyrouse nach Volvic ist akut einstellungsbedroht. Höhepunkt dieser Linie ist im wahrsten Sinne des Wortes der **Viaduc des Fades**. Die Stahlkonstruktion ist mit 132 Metern über dem Talgrund die höchste Eisenbahnbrücke Frankreichs (s. S. 16-19). Von Eygurande kommt man via Volvic durch den Westen des Départements Puy-de-Dôme in die Hauptstadt Clermont-Ferrand. In Laqueuille besteht das Angebot zu einem Abstecher auf der dort endenden Linie nach **Mont-Dore**. Die Monts Dore bilden das Herzstück der Vulkanregion. Der gleichnamige Ort liegt an Heilquellen, die schon zu römischer Zeit beliebt waren. Im 19. Jahrhundert entstand hier eines der bekanntesten Heilbäder. Es führen zahlreiche Seilbahnen und Sessellifte auf die umliegenden Berge. Alles überragt der 1.885 Meter hohe Puy-de-Sancy. Die gesamte Region ist ein beliebtes Ziel für Wintersportler, zur Hochsaison sieht die Bahnlinie auch so manchen Sonderzug.

Ein x2800 vor der famosen Kulisse des Pilgerortes Le Puy-en-Velay *M. Beitelsmann*

Im Tal der Allier: der Fernzug „Cevenol" von Paris nach Nîmes auf dem berühmten Viadukt von Chapeauroux — *M. Beitelsmann*

Wenn man weiter in Richtung Osten fährt, rückt bald schon der weithin sichtbare **Puy-de-Dôme** ins Blickfeld. Der Berg ist über eine Mautstraße befahrbar, eine Herausforderung für die in Frankreich so zahlreichen Mountainbiker und Sport-Radfahrer. Auch gab es hier schon legendäre Zielankünfte der Tour de France. Der Blick über die benachbarten Vulkanberge und auf das 15 Kilometer entfernte Clermont-Ferrand ist unvergleichlich, vor allem bei Sonnenauf- oder untergang. So ist der Parkplatz auf dem Berg ein Mekka für Wohnmobilisten. Das Provinzstädtchen Volvic ist überregional bekannt durch seine Mineralquelle, welche mit der Silhouette des Puy-de-Dôme vermarktet wird. Im abseits des Ortes gelegenen Bahnhof steigen wir in einen der hier mittlerweile auch heimisch gewordenen „Blauwal"-Triebwagen zu einem Besuch des Viaduc des Fades. Dessen gewaltige Höhe erschließt sich erst so richtig nach einer kleinen Wanderung auf die nah gelegene Staumauer der Sioule.

Tourenvorschlag 14

Von Clermont-Ferrand nach Sembadel

Von Clermont-Ferrand aus bietet sich noch einmal ein Abstecher in nördlicher Richtung nach **Vichy** an. Dieses ist ein weiteres bekanntes Heilbad mit über 200 Quellen, das schon viel Prominenz gesehen hat. Weniger beliebt waren Marschall Pétain und seine von den deutschen Besatzern geduldete Regierung, die hier ihren Sitz von 1940 bis 1944 hatte; der so genannten

Ein EAD von Clermont-Ferrand erklimmt die Steigung nach Lapeyrouse — *C. Wenger*

Vichy-Regierung unterstand der Südteil Frankreichs, wobei sie mit Hitlerdeutschland kollaborierte. Zurück zum Thema Eisenbahn: Zur Vervollständigung der Streckenkenntnis führt die Rückreise über das direkt nördlich von Vichy gelegene St-Germain-des-Fossés und über Gannat auf der vergleichsweise weniger spektakulären Strecke via Riom nach Clermont-Ferrand.
Via Pont de Dore führte eine Strecke ins südöstliche St-Étienne. Hier ist das aktiv betriebene Eisenbahnnetz der Region sehr dünn, die ehemalige Verbindung von Pont de Dore an der Strecke von St-Étienne via Ambert nach Sembadel wird als **Touristikbahn** genutzt; eine weitere Museumsbahn schließt sich an.

Tourenvorschlag 15

Von Clermont-Ferrand durch das Velay

Von Clermont-Ferrand aus geht es in südlicher Richtung auf der bis hierhin zweigleisigen Bahn nach Arvant. Die Strecke nach Nîmes verläuft weiter in südöstlicher Richtung über St-Georges-d'Aurac nach **Langeac**, um sich von dort aus durch das vielfach unzugängliche Tal der Allier zu winden. Der Abschnitt von Langeac bis nach Langogne an der Grenze zum Languedoc-Roussillon gehört zu den schönsten Bahnstrecken überhaupt. Wer gut zu Fuß ist, kann sich das **Tal der Allier** auch abschnittsweise erwandern. Eisen-

! Bahn-Tipp: AGRIVAP und Chemin de Fer du Haut-Forez

AGRIVAP – Chemin de Fer du Livradois-Forez
Die 83 Kilometer lange, normalspurige Museumsbahn beginnt in Courpière und verläuft erst durch das Tal der Dore, dann durch den waldreichen Naturpark des Livradois zu den 1.050 bzw. 1.090 Meter hoch gelegenen Bahnhöfen von La Chaise Dieu und schließlich Sembadel. Es gibt neben durchgehenden Zügen auch Fahrten auf Teilstrecken rund um den Betriebsmittelpunkt Ambert. Zum Einsatz kommen lokbespannte Züge mit der Dampflok Louvet 030T8 und der Diesellok CC65005. Zudem fahren hier Triebwagen der Bauarten x3800 „Picasso“ (Triebwagen x3867 und x3934) bzw. x4200 „Panoramique“ (x4203 und x4208). In einem ehemaligen Sägewerk in Ambert ist noch ein Museum landwirtschaftlicher Geräte angeschlossen.
http://perso.wanadoo.fr/..agrivap/
http://www.trains-fr.org/unecto/agrivap/

Le Chemin de Fer du Haut-Forez
Die normalspurige, 36 Kilometer lange Museumsbahn schließt sich an die AGRIVAP an. Sie beginnt in Sembadel (Haute-Loire) und führt nach Estivareilles (Loire). Die Strecke verläuft als Berg-und-Tal-Bahn mit Steigungen bis zu 25 Promille durch wildromantische, waldreiche Landschaften. Zum Einsatz kommt der „Picasso“-Triebwagen x4001.
http://www.trains-fr.org/unecto/haut-forez/

Der Viadukt von St-Bonnet besticht durch seine exponierte Lage *C. Wenger*

bahn-Fotografen haben dabei die Qual der Wahl, so viele Motive gibt es. Würde man diese katalogisieren, gäbe es wohl eine vierstellige Liste – bei vier bis fünf Zugpaaren täglich. Recht zugänglich sind die Höhen südlich von Langeac; vor dem Meer aus roten Dächern kann man den Zügen auf einer lang gestreckten Kurve nachschauen. Einige Kilometer weiter südlich zeigen sich die Basaltfelsen von St-Julien und Prades, noch etwas weiter steht der einsame Kirchturm eines verlassenen Ortes. Weiter geht es durch unzählige Tunnel und über nicht weniger Brücken. Das spektakulärste Bauwerk ist der gemauerte Viadukt von Chapeauroux, der sich in einem 90-Grad-Bogen um den Ort windet (s. S. 16-19).
In St-Georges d'Aurac zweigt die Verbindung nach **Le Puy-en-Velay** ab. Die Strecke schraubt sich spektakulär auf das östliche Plateau hinauf, um in Le Puy wieder das Tal der Loire zu erreichen. Eindrucksvoll sind die Blicke aus dem einfahrenden Zug auf die Dächer und Vulkankegel von Le Puy. Letztere erheben sich fast senkrecht mitten aus dem Stadtbild, gekrönt von der Kapelle Saint Michelle d'Aiguilhe und der Marienstatur Nôtre-Dame-de-France. Die Hauptstadt des Départements Haute-Loire ist auch heute noch ein bedeutender Sammelpunkt der Pilger auf dem Jakobsweg nach Santiago de Compostela in Spanien. Durch das schöne obere Loire-Tal geht es weiter nach St-Étienne, der Verkehr auf dieser Strecke ist vergleichsweise dicht. Auch hier gibt es etliche Tunnel und Viadukte; Fotografen sollten Zeit und reichlich Filmmaterial mitbringen.

Jeweils am Abend wird der Viaduc de Garabit eindrucksvoll angestrahlt *MHZ*

Östlich von Le Puy gibt es auf der Strecke Dunières – Tence – St-Agrève eine Touristikbahn. Sie gehörte zum Schmalspurnetz des Vivarais.

! Bahn-Tipp: Voies ferrées du Velay

Diese Meterspur-Bahn stellt die 37 Kilometer lange Verbindung zwischen Dunières-Gare und St-Agrève her. Der Betrieb erfolgt mit lokbespannten Zügen und Triebwagen der Bauart „Billard" von 1937.
http://www.trains-fr.org/unecto/vfv/
http://www.asso-vfv.net/

Tourenvorschlag 16

Von Arvant ins Cantal

Auch der letzte Abschnitt auf der Reise durch die Auvergne hält das hohe Niveau in Sachen Landschaft und Bahnlinien. Von Arvant aus geht es Richtung Südwesten über Neussargues und Murat nach **Aurillac**, Hauptstadt des Départements Cantal. Cantal nennt sich dieser südliche Teil der Vulkanlandschaft der Auvergne. Zu ausschweifend wäre es, all' die zahlreichen Höhepunkte dieser Bahnlinie aufzuzeigen. Beispielhaft erwähnt sei der Abschnitt Le Lioran – St-Jacques-des-Blats. Hier zwängt sich das Tal durch die Vulkankegel Puy Mary, Puy Griou und den Plomb du Cantal.
Zu erwähnen ist auch die in Neussargues abzweigende Strecke nach Béziers, ein Teil der **„Ligne des Causses"**. Diese 1937 elektrifizierte Strecke verläuft nur einige Kilometer auf dem Gebiet der Auvergne, aber unweit von St-Flour liegt der absolute Höhepunkt der Bahn: der **Viaduc du Garabit**. Gustave Eiffel hat hier 1884 unverkennbar seine Spuren hinterlassen. Der 122 Meter hohe Viadukt erregt mit seinem riesigen Bogen einfach Aufsehen. Der Bogen mit 165 Metern Spannweite überspannt den an dieser Stelle aufgestauten Fluss Truyère. Einen Zug auf dem Viadukt zu erleben, ist schon eher schwierig, denn es verkehren hier nur zwei Personenzugpaare täglich; doch mit etwas Glück gesellt sich ab und an noch ein Güterzug dazu. Unvergesslich ist ein Besuch des Viadukts in den Abendstunden – dann wird das Bauwerk auf spektakuläre Weise beleuchtet.

Eine 141 R auf Sonderfahrt in der Auvergne, südlich von Clermont-Ferrand M. Tueshaus

! Bahn-Tipp: Gentiane-Express

Weitere wunderschöne Strecken gab es von Neussargues bzw. Aurillac ins nördliche Bort-les-Orgues, der Personenverkehr wurde jedoch 1991 eingestellt. Auf einem Teilstück der ersteren Bahnlinie gibt es einen Touristikbetrieb. Die 39 Kilometer lange Strecke verläuft von Lugarde über Riom-ès-Montagnes nach Bort-les-Orgues, Höhepunkt ist der Viaduc de Bajarol.
Für die Fahrten verwendet man Triebwagen x2403 und RGP x2725 und x2726.
http://www.trains-fr.org/unecto/gentiane-express/
http://traincezallier.free.fr/accueil.htm

Vor der Kulisse des Dent d'Arclusaz rollt dieser Regionalzug im Tal der Isère dem Ziel Chambéry entgegen C. Wenger

Rhône-Alpes

Region und Landschaft

Rhône-Alpes ist eine Region im Osten Frankreichs, zusammengesetzt aus den sehr unterschiedlichen Landschaften Lyonnais, Dauphiné und Savoyen. Die Ostgrenze zu den Nachbarstaaten Italien und Schweiz wird von den **Savoyer Alpen** gebildet, abschnittsweise auch durch den Genfer See. Die nördliche Grenze verläuft von der Südseite des Jura im Osten über Mâcon bis westlich von Roanne, die nördlich benachbarten Regionen sind Franche-Comté und Bourgogne. Die westliche Grenze zur Auvergne verläuft in nord-südlicher Richtung in etwa 100 Kilometer Entfernung zur Rhône bis nördlich des Deltabeckens. Die südliche und südöstliche Grenze bildet die Region Provence-Alpes-Côte-d'Azur. Die Region Rhône Alpes besteht aus acht Départements: Ain, Ardèche, Drôme, Isère, Loire, Rhône, Savoie und Haute-Savoie.
Mit 445.000 Einwohnern ist **Lyon** die Hauptstadt der Region Rhône-Alpes und des Départements Rhône, gleichzeitig ist sie Zentrum des mit 1.350.000 Einwohnern zweitgrößten Ballungsraums Frankreichs. Hier, am Zusammenfluss von Saône und Rhône, wurde die Stadt zu römischer Zeit gegründet (Lugdunum). Davon zeugen noch einige erhaltene Bauten wie das Amphitheater auf dem Hügel Fourvière. Die aufstrebende Entwicklung der Stadt setzte sich im Mittelalter fort. Bald wurde auch die Insel zwischen den Flüssen bebaut, hier befindet sich die historische Altstadt. In Lyon laufen die meisten bedeutenden Eisenbahnlinien der Region zusammen, nur einige Direktzüge auf der Schnellfahrstrecke (LGV) umfahren die Stadt bzw. ihre wichtigsten **Bahnhöfe Perrache und Part-Dieu** auf einem östlichen Bogen. Manche halten auch an der moder-

An eine Seidenraupe erinnert die Kopfform der Straßenbahn in der ehemaligen Seiden-Handelsstadt Lyon. Es gibt dort sogar eine „librairie du tramway" *MHZ*

Info: Rhône-Alpes

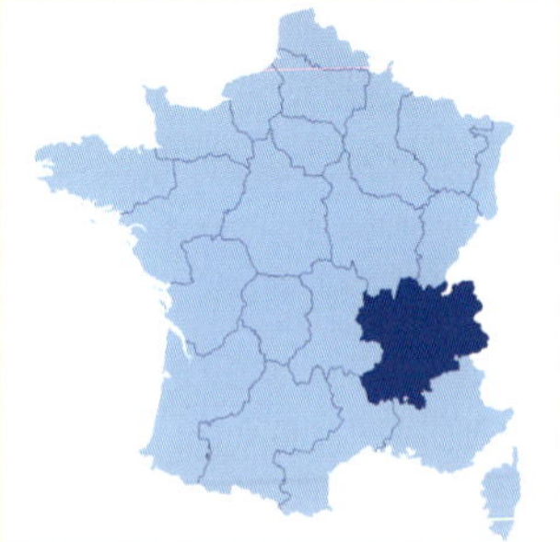

Fläche:	43.698
Einwohnerzahl:	5.650.000
Hauptstadt:	Lyon

Départements: Ain, Ardèche, Drôme, Isère, Loire, Rhône, Savoie, Haute-Savoie

Wichtige Bahnknoten: Lyon, Bourg-en-Bresse, Chambéry, Ambérieu, Culoz

Mehr im Internet unter:
http://www.rhonealpes-tourismus.de/

Die Weinberge an der Côte du Rhône eröffnen tolle Ausblicke auf die Strecke Lyon – Avignon, wie hier bei Gervans M. Beitelsmann

nen Station St-Exupéry in der Nähe des internationalen Flughafens 30 Kilometer östlich der Stadt. Die Industriemetropole leistet sich vier U-Bahn-Linien, eine moderne Straßenbahn (tramway), zwei Standseilbahnen auf den Fourvière-Hügel sowie Zweikraftbusse.

Die Eisenbahn in der Region

Viele wichtige Bahnlinien verlaufen durch die Region, die bedeutendsten sind dabei die alte **„Ligne Impériale" Paris – Dijon – Lyon – Marseille** und die in einiger Entfernung parallel verlaufende **TGV-Schnellstrecke Paris – Lyon St-Exupéry – Marseille**, von der aus einige Ausfädelungen auf die alte Linie führen. Die Ligne Impériale verläuft entlang der Rhône in zwei Strecken beidseitig des Flusses, wobei die westliche Bahn dem Güterverkehr vorbehalten bleibt; die ehemaligen Bahnhöfe wurden aufgelassen. Die östliche Bahn hat an Bedeutung verloren. Fuhren hier einst die Schnellzüge im dichten Takt, so wurden diese mittlerweile durch die TGV-Züge auf der neuen Schnellstrecke nach Marseille ersetzt.

Die Strecke Veynes – Grenoble verlangt den Zügen einiges ab, müssen sich diese doch bis hinauf zum Col-de-la-Croix-Haute auf über 1.000 Meter Höhe kämpfen. Ein TER-Zug mit zwei „Blauwal"-Triebwagen hat sich dieser Aufgabe am 12. Juli 2004 angenommen; hier ist das Gespann in der Nähe von Lus unterwegs *M. Beitelsmann*

Die Ligne Impériale ist mit Gleichstrom elektrifiziert. Dieses gilt auch für die Verbindung Lyon – St-Étienne sowie für die Strecken Lyon –/Mâcon – Ambérieu-en-Bugey – Culoz – Genf/– Chambéry – Modane – Italien. Ebenso wird der Abzweig St-Pierre-d'Albigny – Albertville mit Gleichstrom betrieben. Dabei verzahnen sich die Netze von Gleich- und Wechselstrom. Mit Wechselstrom elektrifiziert wurden neben der TGV-Schnellstrecke (LGV) die direkte Verbindung Lyon – Chambéry (über St-André-le-Gaz), die Bahnlinie St-André-le-Gaz – Grenoble sowie alle weiteren Strecken in den Savoyer Alpen. Auf den Wechselstromstrecken kommen vorwiegend Mehrsystemlokomotiven zum Einsatz, während auf den Linien nach Modane und Marseille vor allem die Langlauf-Züge mit reinen Gleichstromlokomotiven bespannt sind. Die Dieseltraktion dominiert in den Gebieten nordwestlich von Lyon und St-Étienne und auch südlich von Grenoble. Ferner ist eine Verbindung von Lyon über Bourg-en-Bresse und weiter in den Jura Richtung Oyonnax – St-Claude nicht elektrifiziert.

Tourenvorschlag 17

Eine Rundreise durch Rhône-Alpes

Hier, in einem der letzten Einsatzgebiete der legendären Dieseltriebwagen **x2800**, beginnen wir auch unsere Rundreise durch die Region. Ein möglicher Startpunkt ist der kleine Ort **Oyonnax** oder, auf Seiten der Franche-Comté, **St-Claude**. Mit etwas Glück erwischt man hier keinen der inzwischen üblichen „Blauwale" x73500, sondern eben jenen kräftigen Oldtimer x2800. Auf den Steigungen im Jura lässt dieser Triebwagen schon mal seine 800 PS hören, die Fahrt durch die von schroffen Kalksteinfelsen überragte Landschaft findet ihren Höhepunkt unweit des Bahnhofs **Cize-Bolozon**, wo der aufgestaute Ain auf einem zweietagigen gemauerten Viadukt überquert wird (s. S. 16-19). Einige Kilometer weiter trifft der Zug in Bourg-en-Bresse ein. Dort heißt es umsteigen nach Mâcon und dann über die Ligne Impériale nach Lyon. Diese verläuft westlich im breiten **Tal der Saône** durch die Weinbauregion des Beaujolais und teilt sich ab Villefranche in zwei Äste auf.
In St-Germain-au-Mont-d'Or kommen gebündelt die nicht elektrifizierten Strecken aus Paray-le-Monial und aus Roanne hinzu, die beide vollständig zweigleisig ausgebaut sind; Erstere wird aber nur noch im Regionalverkehr von wenigen Zugpaaren am Tag befahren. Höhepunkte der Strecke sind die Viadukte bei Mussy-sous-Dun und die Kehrschleife bei Claveisolles.

Durchs Rhônetal gen Süden rollt dieser Güterzug bei Soyons. Nur an wenigen Orten verläuft die Bahn so direkt neben dem Fluss wie hier. Die legendären Elektroloks CC6500 mussten ihr Einsatzgebiet auf dieser Relation jedoch inzwischen aufgeben C. Wenger

Im Rhône-Tal bleibt die westliche Strecke dem Güterverkehr vorbehalten – leider, denn links und rechts gibt es viele Sehenswürdigkeiten wie die Burg von Rochemaure *M. Beitelsmann*

Westlich der Ligne Impériale

Die Strecke über Roanne nach Clermont-Ferrand weist einiges an Güterverkehr und hochwertigem Reisezugverkehr auf, die transversale Verbindung nach Bordeaux wurde bis 2004 mit den beliebten Turbotrains gefahren. Es gibt zahlreiche gemauerte Viadukte; besonders imposant ist der über der Stadt **Tarare** kurz vor der steigungsreichen „Rampe des Sauvages". Ebenfalls regen Güterverkehr gibt es auf der Verbindung von Roanne nach **St-Étienne**. Die 185.000 Einwohner zählende Industriestadt, 90 Kilometer südwestlich von Lyon gelegen, ist Hauptstadt des Départements Loire. Im Loire-Kohlebecken gelegen, gab es hier schon seit dem späten Mittelalter Metallverarbeitung und Waffenproduktion.

Mit aufkommender Industrialisierung wuchs die Stadt schnell. So war es kein Wunder, dass anno 1832 Frankreichs erste Eisenbahnstrecke zwischen den beiden Industriestädten Lyon und St-Étienne eröffnet wurde. In St-Étienne verkehrt noch die 1881 eröffnete Straßenbahn. Inzwischen modernisiert, ist dieses einer

von nur drei Betrieben, die bis zur Ende der 1980er-Jahre in Frankreich einsetzenden Renaissance der Straßenbahn überlebt haben.

! Bahn-Tipp: Chemin de Fer Touristique de la Brévenne

Eine Museumsbahn mit Dampfbetrieb verkehrt sonntags im Sommer zwischen L'Arbresle und St-Foy-l'Argentière, die Strecke windet sich auf 19 Kilometern durch das Tal der Brévenne.
http://cftb.free.fr
http://www.trains-fr.org/unecto/cftb/

Das Rhônetal entlang

Südlich von Lyon bereisen wir die Ligne Impériale auf der linken Rhôneseite. Das Tal ist oft bis zu mehrere Kilometer breit, vom Zug aus sieht man den Fluss deutlich seltener als zum Beispiel im vergleichbaren Mittelrheintal. Im Gegensatz zu diesem gibt es aber zahlreiche Brücken über den Fluss und den abschnittsweise parallel verlaufenden Schifffahrtskanal. Nach Umstellung vieler Fernverbindungen auf den TGV ist die von Güterzügen genutzte Strecke am rechten Rhôneufer die für Fotografen eindeutig interessantere. Motive bieten sich bei Vérin und über den roten Dächern von Serrières.

Von Tournon aus steigt Frankreichs bekannteste Museumsbahn, der **Chemin de Fer du Vivarais**, ins östlich der Rhône gelegene Vivarais auf. Die meterspurige Bahn nach Lamastre ist Teil des einstigen Schmalspurnetzes der Region, in der es sonst keine Bahnlinien mehr gibt.

Weiter geht die Reise Richtung Süden durchs Rhônetal. Gewöhnen muss man sich an den gelegentlichen Anblick eines Atomkraftwerkes zwischen den Weinbergen, Burgen und südländischen Dörfern. Fotografen der Reisezüge kommen vor allem bei Erôme, Gervans und Tain-l'Hermitage „zum Zuge". An der Güterstrecke bieten neben den Weinhängen der Anbauregion Côte du Rhône auch die Burgen bei Châteaubourg und Rochemaure einen idealen Hintergrund. Bei Viviers gibt es den letzten engen Taleinschnitt, bevor der Fluss dem breiten Rhônedelta zustrebt. Die **Défilé de Donzère** genannte Engstelle bietet feine Fotomotive vor einer markanten Felskulisse und ist gleichzeitig der südliche Wendepunkt unserer Tour durch die Region.

! Bahn-Tipp: Chemin de Fer du Vivarais

Frankreichs meistbesuchte und aktivste Touristikbahn führt von Tournon im Rhônetal hinauf ins Vivarais nach Lamastre. Auf 33 Kilometern erklimmt die meterspurige Strecke 350 Höhenmeter. Die Züge verkehren an zahlreichen Tagen im Jahr, nicht nur am Wochenende. Meist sind es zwei aus Mallet-Lokomotiven der Bauart 030+030T und bis zu zwölf Wagen gebildete Zugpaare, verstärkt durch Kurse mit historischen Triebwagen der Bauart Billard. Auf den ersten Kilometern ab Tournon wird im Verlauf eines Dreischienengleises die Trasse der Güterstrecke Lyon – Marseille mitgenutzt. Die ersten Kilometer im Seitental verläuft die Strecke flach durch Vororte, ab Doux Plage geht es durch tief eingeschnittene Täler hinauf nach Lamastre, im letzten Abschnitt führt die Trasse auch über einige Viadukte.
http://www.ardeche-train.com/
http://www.trains-fr.org/unecto/cfvivarais/

Bei Douce-Plage verläuft die Strecke der CFV noch im Tal des Doux; die Mallet-Lok 403 befindet sich mit ihrem Zug erst am Anfang des Aufstiegs nach Lamastre C. Wenger

In die französischen Alpen

Zurück geht es Richtung Valence, der Hauptstadt des Départements Drôme, nicht ohne Stopp in Montélimar, dem Zentrum der Nougatproduktion.
In Livron steigen wir in den von Valence kommenden Zug nach Briançon. Die Fahrt führt über Crest und Die das Tal des Drôme hinauf. Zahlreiche Viadukte präsentieren sich den Fotografen, die eindrucksvollsten davon in Pontaix und Le Claps oberhalb des Ortes Luc. Bei Beaurière nähert sich die Strecke dem Scheiteltunnel, nicht ohne noch einmal mit abenteuerlicher Streckenführung am Berghang und durch ein Seitental die letzten Meter Höhe zu gewinnen. Bis **Aspres-sur-Buëch** rollt unsere Doppelgarnitur x72500 sanft den Berg hinab. Dort heißt es umsteigen in einen von Gap kommenden „Blauwal". An dieser Stelle befinden wir uns für kurze Zeit in der Region Provence-Alpes-Côte d'Azur.
Die Fahrt von Aspres-sur-Buëch nach Grenoble führt über eine der schönsten Strecken Frankreichs durch das wildromantische **Vercors**. Diese Landschaft bildet den westlichsten Ausläufer der Alpen. Das mal breite, mal enge Tal ist trotz des von Grenoble aus voranschreitenden Autobahnbaus weitgehend unverbaut.
Vorbei geht es an den bizarren Felsen von La Rochette über den Viadukt von Lus-la-Croix-Haute hinauf zur Passhöhe am **Col-de-la-Croix-Haute**. Nördlich des Passes fällt die Landschaft steil ab, während die Bahnstrecke sich hoch oben am Hang auf tunnelreicher Trasse bis nach Clelles schlängelt. Dabei kann der Reisende weit in das bis zu 15 Kilometer breite Tal blicken. Bei Clelles rückt der Mont Aiguille ins Blickfeld, ein über 2.000 Meter hoher, steil aufragender Tafelberg. Hier liegt die Wiege des Alpinismus; 1492 erklomm eine dazu beauftragte Gruppe den Berg, wobei erstmals eine solche Besteigung mit Hilfsmitteln erfolgte. Der weitere Verlauf bis Vif ist reich an Viadukten und geprägt vom starken Gefälle: Von 1.179 Metern

! Bahn-Tipp: CF de la Mure

Ein Fotohalt auf offener Strecke gehört zum Programm der Fahrt *C. Wenger*

Die Strecke von St-Georges-de-Commiers (auf 316 Metern Höhe) nach La Mure (auf 882 Metern Höhe) wurde ursprünglich für den Abtransport der Anthrazitkohle aus La Mure ins Tal nach Grenoble gebaut. 1888 eröffnet, wurde sie bis 1912 elektrifiziert.
Nach Einstellung der Zechen stellt die Bahn seit 1988 eine Touristenattraktion mit jährlich 60.000 Besuchern dar. Über 90 Minuten dauert eine Fahrt auf der 30 Kilometer langen meterspurigen Strecke mit 143 Brücken und Tunnel. Dabei bietet die Bahn atemberaubende Blicke über den aufgestauten Drac auf das Vercors und den Mont Aiguille. Die Fahrt auf der oft abenteuerlich in den Berg gehauenen Strecke wird von mehreren Fotohalten unterbrochen, auch auf einigen der zahlreichen Viadukte legt der Museumszug einen Stopp ein.
Fahrzeiten: http://www.trainlamure.com/

Entlang des aufgestauten Arc fährt dieser Regionalzug unterhalb von Modane in Richtung seines Zielbahnhofs Chambéry C. Wenger

Passhöhe kommt die Strecke auf die 213 Höhenmeter von Grenoble. Ab St-Georges-de-Commiers verläuft die Trasse im Tal des Drac bis Grenoble. St-Georges ist auch Ausgangspunkt für eine weitere spektakuläre Museumsbahn, die hinauf nach La Mure führt (s. S. 131). Mit **Grenoble** erreichen wir die Hauptstadt des Départements Isère, am Zusammenfluss von Isère und Drac gelegen. Die Stadt liegt in einem Talkessel, umgeben von Bergen, die bis über 3.000 Meter Höhe erreichen. Mit 160.000 Einwohnern ist Grenoble die größte Stadt in den französischen Alpen. Die 1988 eröffnete moderne Straßenbahn war einer der Impulsgeber für die aktuelle Renaissance der Straßenbahn in Frankreich.

Über die nicht elektrifizierte Strecke im Tal der Isère könnten wir direkt Montmélian an der Maurienne-Strecke erreichen, wir leisten uns jedoch einen Umweg über Lyon nach Ambérieu-en-Bugey. Durch freundliche hügelige Landschaft verläuft die zweigleisige Strecke von Grenoble nach Lyon, ab St-André-le-Gaz vereinigt mit dem eingleisigen, von Chambéry kommenden Streckenast.

Richtung Jura und Genfer See

Ab Lyon bereisen wir die Hauptstrecke nach Genf bis Ambérieu und Culoz; dies sind zwei typische Bahnknoten, bei denen einst der ganze Ort von der Eisenbahn lebte. In **Ambérieu** haben Eisenbahner ein kleines, aber feines Museum eingerichtet (s. Kasten S. 134). Die Bahnanlagen des Ortes sind beachtlich: Als kilometerlanges Gleisdreieck führen sie durch den Ort; ein ausgedehnter Rangierbahnhof schließt sich an den Personenbahnhof an. Einstmals waren die Anlagen sogar noch größer – das Dépôt besaß früher drei Rundschuppen. In Ambérieu vereinigen sich die beiden Hauptlinien nach Genf bzw. Chambéry – Modane – Turin, die sich in Culoz wieder trennen. Letztere verbindet über Bourg-en-Bresse kommend weite Teile Frankreichs mit Italien, im Fern- wie im Güterverkehr. Der gemeinsame Streckenabschnitt bis Culoz führt durch ein wunderschönes Tal, vielfach überragt von hohen Kalksteinfelsen. Der Scheitelpunkt liegt zwischen den engen Schluchten Cluse de Albarine und Cluse de Hôpitaux. Aufgrund der besonders hohen Verkehrsdichte eröffnet sich hier ein wahres Paradies für Eisenbahnfreunde. Wartungsarbeiten werden gerne in den Sommermonaten durchgeführt, wenn nicht ganz so viele Güterzüge verkehren. Hier kommen dann die Freunde deutscher Dieselloks auf ihre Kosten, da die französischen Baufirmen vielfach ehemalige 211, 212 und 216 der DB einsetzen. In **Culoz** trennen sich die Strecken, die Linie nach Genf verläuft in nördlicher Richtung im Tal der Rhône. Ein beliebter Ort bei Fotografen ist **Seyssel** mit seinem malerischen Ortsbild inklusive Hängebrücke oberhalb der aufgestauten Rhône.

Ein mit zwei Dieselloks BB67400 bespannter Zug von Briançon nach Paris passiert den Viadukt oberhalb von Pontaix *C. Wenger*

In Tarare beginnt die steile „Rampe des Sauvages" an der Strecke von Lyon nach Roanne. Vom Viadukt aus hat man einen großartigen Blick auf die Stadt M. Beitelsmann

! Bahn-Tipp: Le Musée du Cheminot in Ambérieu-en-Bugey

An vergangene Bahn-Zeiten erinnert das private Musée du Cheminot in Ambérieu-en-Bugey. Im Gewerkschaftshaus, etwas abseits des Bahnhofs, haben Eisenbahner in liebevoller Kleinarbeit eine beachtliche Sammlung zusammengetragen. Das Museum zeigt den Betriebsalltag bei der Bahn aus vielen historischen Blickwinkeln, etwa mit Arbeitsgeräten und Uniformen. Ein weiteres Thema ist der Stromschienenbetrieb Culoz – Chambéry – Modane. Gern geben die zu den Öffnungszeiten (Sa, 9-12, 14-18 Uhr, So 14-18 Uhr) anwesenden Eisenbahner Auskunft. Wer etwas Französisch-Kenntnisse besitzt, darf sich auf eine spannende Geschichtsstunde in Sachen Eisenbahn freuen. Der Eintritt ist kostenlos. Info/Adresse: Musée du Cheminot, 46 bis rue Aristide Briand, F-01500 Ambérieu-en-Bugey; http://musee.cheminot.free.fr/

Auch verschiedenste Signallampen der Bahn sind im Museum ausgestellt MHZ

Kurioserweise liegt Seyssel je zur Hälfte in den Départements Haute-Savoie und Ain. In Bellegarde zweigt in Richtung Westen die Strecke nach La Cluse an der Jura-Bahn nach St-Claude ab. 15 Jahre nach der Einstellung des Verkehrs und eines teilweisen Rückbaus zeichnet sich hier eine Renaissance ab, ein überaus seltenes Phänomen in Frankreich. Der Grund hierfür ist eher profaner Natur: Die Strecke ist für die TGV-Züge von Paris nach Genf oder Evian um etliche Kilometer kürzer als die heute benutzte Strecke über Culoz. Damit würde auch der Abschnitt La Cluse – Bourg-en-Bresse einschließlich des Viadukts bei Cize-Bolozon elektrifiziert und für den TGV-Verkehr vorbereitet werden. Bis es jedoch soweit ist, muss man in Bellegarde Richtung Jura noch in den Bus umsteigen.
Ebenfalls in **Bellegarde** zweigen in östlicher Richtung die Strecken nach Annemasse und weiter nach Évian-les-Bains beziehungsweise nach St-Gervais ab. Die Ausfädelung beginnt spektakulär mit der Überquerung der Défilé de l'Ecluse mittels eines großen Beton-Viaduktes. Die Strecke verläuft dann entlang der Schweizer Grenze südlich von Genf in die Vorstadt **Annemasse**.
Hier teilt sich die Bahnlinie: Der nördliche Ast führt als Stichstrecke nach **Évian-les-Bains**, der Endbahnhof ist mit einer für viele französische Bahnhöfe typischen Hallenkonstruktion mit spitzem Dach versehen. Das Seebad am Lac Leman, so der französische Name des Genfer Sees, ist vor allem durch sein Mineralwasser weltweit bekannt geworden. Der Touristikverkehr über St-Gingolph ins schweizerische Le Bouveret bleibt bis auf weiteres wegen sanierungsbedürftiger Gleisanlagen eingestellt.

SNCF modern: Ein TER-Doppelstockzug in Virieu-le-Grand (Strecke Ambérieu – Culoz) M. Beitelsmann

Treffen der „Elektrolok-Oldtimer" im Bahnhof von Ambérieu C. Wenger

Der Olympia- und Wintersportort Albertville wartet mit einem modernen Bahnhof auf MHZ

Am Fuße des Mont Blanc

In La Roche-sur-Foron treffen sich die Strecken aus Annemasse und Aix-les-Bains via **Annecy**, Hauptstadt des Départements Savoie, um im normalspurigen Betrieb als Stichstrecke nach St-Gervais zu führen. Die Linie verläuft eingleisig durch liebliche Täler, im Osten ragen die

Info: Bahnen am Mont Blanc

St-Gervais – Vallorcine (– Martigny); 35 km (– 55 km), Meterspur, Höhenprofil: Le Fayet: 580 m, Col des Montets: 1.365 m, Le Châtelard: 1.100 m; 3 Viadukte; Scheiteltunnel 1.883 m; Eröffnung 1904 – 1908 (elektrisch), Stromschienenbetrieb

Chamonix – Montenvers; 5,1 km, Meterspur, Zahnradbahn, Höhenprofil: 1.042 – 1.913 m, ein Viadukt (Länge 152 Meter); Eröffnung 1909, Elektrifizierung 1953; http://www.compagniedumontblanc.fr/fr/montenvers/montenvers_train.htm

Le Tramway du Mont Blanc; 12 km, Le Fayet – Nid d'Aigle (Bionassay), Meterspur, Zahnradbahn, Höhenprofil: 580 – 2.372 m; Eröffnung 1911, Elektrifizierung 1956; http://www.compagniedumontblanc.fr/fr/tramway/index.html

(Foto: die Bergstation Nid d'Aigle; MHZ)

Ein Zug nach Vallorcine bei der Ausfahrt aus dem Bahnhof Chamonix, überragt vom mächtigen Mont-Blanc Massiv C. Wenger

Savoyer Alpen auf. In **St-Gervais-le-Fayet** unterhalb des mächtigen Mont-Blanc-Massivs heißt es Umsteigen auf die meterspurige Bahn über Chamonix und Vallorcine ins schweizerische Martigny. Für einen Ausflug bietet sich vorher der **Tramway du Mont Blanc** an. Er fährt vom Bahnhofsvorplatz aus als Straßenbahn durch den Ort und führt dann auf zwölf Kilometer Strecke als Zahnradbahn zum Glacier du Bionassay in 2.300 Metern Höhe. Zum Einsatz gelangen die drei jeweils grün, blau oder rot lackierten Elektrotriebwagen mit den Namen „Anne", „Marie" und „Jeanne" von 1956.

Im Bahnhof von St-Gervais-le-Fayet wartet unser Triebwagen zur Fahrt nach **Chamonix**. Die Strecke wird mit 850 Volt Gleichstrom betrieben, zugeführt durch eine Stromschiene. Mit Glück ist es ein Z600 von 1958, Standard wäre ein Z800 von 1996, die Wagen sind in St-Gervais beheimatet. Steil hinauf geht es ins Tal der Arve, auf zwei Kilometern mit für Adhäsionsbahnen rekordverdächtigen 90 Promille Steigung. Das Tal von Les Houches wird mit dem großen gemauerten Viadukt St-Marie-aux-Houches überquert. Hier rückt das Mont-Blanc-Massiv erstmals groß ins Bild. Chamonix ist einer der bekanntesten französischen Wintersportorte, hat sich aber trotz allen Rummels eine gewisse Vielfalt und seinen Charme bewahrt. Im Sommer bleibt es bei mäßigem Wetter eher ruhig; an sonnigen Tagen aber strömen unzählige Urlauber zum Tagesbesuch herbei. Hauptziel ist dann die 5,4 Kilometer lange **Zahnradbahn nach Montenvers** zum Mer de Glace, dem Eismeer im Mont-Blanc-Massiv und Frankreichs größtem Gletscher. Hier bietet sich ein unvergleichlicher Blick auf den Mont Blanc und das Umland. Auch kann man die berühmte, 1946 angelegte Eisgrotte besuchen. Weiter im

Tal fahren wir der Grenze bei **Vallorcine** entgegen, wo uns ein erneutes Eisenbahn-Abenteuer erwartet: Vom Schweizer Grenzort La Châtelard aus besuchen wir die Staumauer des **Barrage d'Emosson**. Die Anfahrt erfolgt zuerst mit einer der steilsten Standseilbahnen, danach fahren wir auf der alten, in den Berg gehauenen Trasse der früheren Materialbahn zum Fuß der Staumauer. Die Belohnung: fantastische Panoramen. Die 600-Millimeter-Strecke wird mit Akkuloks betrieben, zu besonderen Anlässen fährt auch eine Dampflokomotive.

Denkmalgeschützt, aber nach wie vor in Betrieb: die Rotunde von Chambéry *MHZ*

Zum Mont Cenis in Richtung Italien

Von Culoz aus starten wir unsere letzte Etappe in der Region: Wir bereisen die **„Ligne de Maurienne"** bis Modane an der italienischen Grenze. Die Strecke bewältigt große Teile des Verkehrsaufkommens von und nach Italien, TGV-Verbindungen gibt es bis nach Turin. Um Durchläufe nach Italien zu ermöglichen, werden im Güterverkehr vermehrt die „Astride"-

Zwei „Astride"-Loks mit einem Güterzug nach Italien auf der „Ligne de Maurienne" *M.B.*

Loks BB36000 eingesetzt, die auch unter 3.000-V-Gleichstrom in Italien laufen. Die 1871 eröffnete Strecke war zeitweise wegen geringerer Wartungsarbeiten nach Lawinenabgängen mit einer Stromschiene anstelle der Oberleitung versehen. Die Strecke verläuft bis Aix-les-Bains entlang des Lac de Bourget, mit **Chambéry** erreichen wir das betriebliche Zentrum der Linie. Hier ist auch ein großes Lokdepot der SNCF zu finden, ausgestattet mit einer sehenswerten Rotunde. Über Montmélian mit Abzweig nach Grenoble erreichen wir in St-Pierre-d'Albigny den Abzweig über Albertville nach Bourg-St-Maurice. Diese im oberen Teil einmalig schöne Strecke wurde erst Ende der 80er-Jahre elektrifiziert; der Olympiaort der Winterspiele 1992, Albertville, ist Systembahnhof zum älteren Gleichstromnetz. Zurück zur Ligne de Maurienne: Sie verläuft erst im breiten Tal des Arc, dann beginnt in St-Jean-de-Maurienne der Anstieg nach **Modane** und zum 13.650 Meter langen Scheiteltunnel am **Mont Cenis**. Bei Redaktionsschluss gab es auf diesem Abschnitt letzte Einsätze der legendären Elektrolok CC6500; deren weitere Zukunft war aber noch nicht abzusehen. ■

Info: Rotunde von Chambéry

Das von 1908 bis 1910 errichtete Rundhaus im Dépôt von Chambéry ist die größte erhaltene Rotunde Frankreichs und noch heute in Betrieb. Unter der riesigen Stahl-Beton-Kuppel bieten 36 Gleise Platz für 72 Lokomotiven. Für Besucher öffnet die SNCF von Zeit zu Zeit die Pforten dieses faszinierenden, denkmalgeschützten Bauwerks. Nähere Informationen erhält man beim Office de Tourisme in Chambéry.

Aquitaine

Château de Beynac ist eine der zahlreichen Burgen im Tal der Dordogne, allein in diesem Abschnitt bei Sarlat haben die Reisenden den Ausblick auf drei weitere Schlösser C. Wenger

Region und Landschaft

Ganz im Südwesten Frankreichs liegt Aquitaine, zu deutsch Aquitanien. Mit über 41.300 Quadratkilometern ist sie die flächenmäßig drittgrößte Region Frankreichs, jedoch mit einer Bevölkerungsdichte von nur 70 Einwohnern pro Quadratkilometer recht spärlich besiedelt. Der Name leitet sich vom lateinischen „Aqua" (Wasser) ab und kennzeichnet das milde und feuchte atlantische Klima dieser Region. Als **Transitland** zu Spanien hat Aquitaine eine herausragende Bedeutung: Bei Hendaye erreicht die Bahnlinie die spanische Grenze – aufgrund der größeren iberischen Spurweite (1.672 statt 1.435 Millimeter) müssen weiter fahrende Züge umgespurt werden. Aber hier, im Baskenland, führten schon vor vielen Jahrhunderten die Wege der Jakobspilger über die Grenze nach Santiago de Compostela, ob an der Küste entlang oder über die Pyrenäen. Wesentlich frühere Spuren der Menschheitsgeschichte wurden in den Höhlen von Lascaux und Cro-Magnon gefunden – Spuren aus der frühen Steinzeit.

Der lange **Küstenstreifen** der Aquitaine bietet herrliche Strände. Den Höhepunkt bildet zweifellos die über 100 Meter hohe und mehr als 3 Kilometer lange Dune de Pilat, ein in Europa einzigartiges Naturschauspiel. Diese Düne ist über den Badeort Arcachon bequem auch per Bahn (TGV) zu erreichen. **Biarritz** im Süden der Region steht für frühe Extravaganz als Badeort – noch heute ist die Stadt eine Hochburg der Wasserfreunde. Ab hier wird die Küste auch deutlich zerklüfteter, treten doch die Berge der Pyrenäen bis ans Meer heran. Vom Berg der Basken, La Rhune, genießt man nach einer Fahrt mit der urtümlichen Zahnradbahn einen herrlichen Blick über das nördliche Baskenland bis zum Atlantik (s. S. 143).

Bordeaux

215.000 Einwohner zählt die elegante **Kapitale der Region** und Hauptstadt des Départements Gironde. Die wichtigste Stadt des Südwestens war schon zu römischen Zeiten ein bedeutender Hafen und Handelsplatz. Prachtvolle klassizistische Bauten säumen die Boulevards der Innenstadt sowie das Flussufer. Daneben stehen urbane und quirlige Altstadtviertel wie St.Michel um die gleichnamige Kirche. Für einen Rundgang durch das sehr

Info: Aquitaine

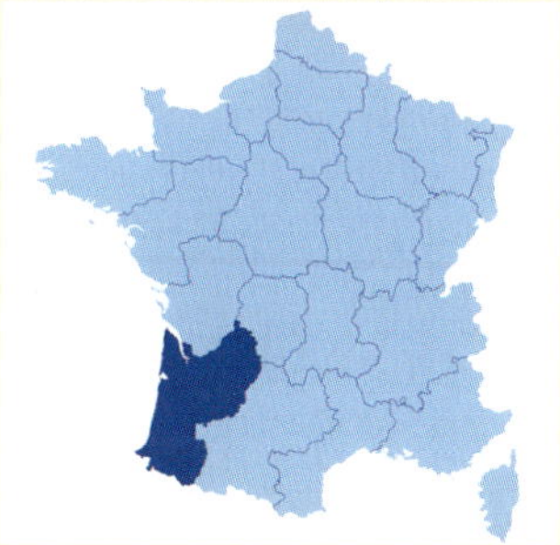

Fläche:	41.308 km²
Einwohnerzahl:	2.910.000
Hauptstadt:	Bordeaux
Départements: 5 (Dordogne, Gironde, Landes, Lot-et-Garonne, Pyrénées-Atlantiques)	
Wichtige Bahnknoten: Bordeaux, Pau, Bayonne	
Mehr im Internet unter: http://www.crt.aquitaine.fr/ (nur in französischer Sprache)	

Auch Bordeaux besitzt eine moderne Straßenbahn, hier am Bahnhof St-Jean (Bild vom Juli 2005) *M. Beitelsmann*

sehenswerte und noble Zentrum empfehlen sich besonders das „Grand Théatre" an der Place de la Comédie, die völlig symmetrisch gestaltete Place de la Bourse sowie die berühmte Kathedrale St.André im gotischen Baustil. Hier, am freistehenden Turm Pey-Berland, sind auch die wichtigsten Museen der Stadt zu finden; allen voran das Museum der schönen Künste im Rathaus. Den nördlichen Abschluss des Zentrums bildet die Esplanade des Quinconces, einer der größten Plätze Europas, mit dem eindrucksvollen Girondistendenkmal in seiner Mitte. Zahlreiche Straßencafés, vor allem in der Rue Sainte Cathérine, bieten Entspannung. Für Weinkenner empfiehlt sich das moderne Weinzentrum „Cité Mondiale des Vins", eine Mischung zwischen Weinhandelsplatz und Museum. Große Hafenanlagen sind in Bordeaux mittlerweile eine Seltenheit; die meisten Schiffe laufen den „Vorhafen" Le Verdon an der Girondemündung an. Dennoch ist Bordeaux bis heute eine Hafenstadt geblieben. Sichtbar vor allem immer dann, wenn größere Kreuzfahrtschiffe direkt vor der Stadtkulisse ankern. Dann wird die Geschichte der Stadt als Seehandelszentrum früherer Jahre wieder lebendig.

Bordeaux ist hervorragend an das französische Eisenbahnnetz angeschlossen. Mit dem **TGV Atlantique** benötigt man von Paris aus lediglich drei Stunden an die Garonne, und das bis zu 25-mal am Tag! Viele Züge verkehren weiter nach Toulouse, nach Arcachon am Atlantik oder zum Baskenland.

Auch im Regionalverkehr bildet der **„Hauptbahnhof" Saint-Jean** mit seiner imposanten Halle das Drehkreuz des Südwestens. Er schließt sich übrigens direkt an eine zweigleisige Garonneüberquerung an. Inzwischen verfügt Bordeaux auch wieder über eine Straßenbahn, die in der Innenstadt abschnittsweise – zur „Schonung" des Stadtbildes – ohne Oberleitung mit im Asphalt eingelassener Stromzuführung verkehrt.

Der Médoc

Als Médoc wird die Halbinsel zwischen der Atlantikküste und der Gironde bezeichnet, die sich ab Bordeaux über 100 Kilometer bis zur Nordspitze bei Pointe de Grave erstreckt. Gesegnet ist der Landstrich einerseits mit schier endlosen, feinsandigen Stränden, die im Sommer bei Urlaubern sehr beliebt sind, zum anderen ist der Médoc eines der besten Weinanbaugebiete Frankreichs. Namen wie Château-Rothschild oder Château-Lafitte stehen für Rotweine in Spitzenqualität.

Das Baskenland – kulturell

Eigenständigkeit wird groß geschrieben im Land der Basken; schließlich sind die Einwohner des Landstriches zwischen der Atlantikküste, der spanischen Grenze und den Pyrenäen ein eigenes Volk mit einer eigenen Sprache, dem „Euskara". Städtenamen wie „Ustaritz" und „Hasparren", die ganz und gar nicht typisch französisch klingen, weisen auf diese Besonderheit hin. Das Siedlungsgebiet der Basken ist seit Jahrhunderten zwischen Frankreich und Spanien geteilt (wobei der größte Teil um Bilbao und San Sebastian jenseits der Grenze liegt), doch die kulturellen und nachbarschaftlichen Verbindungen sind nie abgerissen.
Das französische Baskenland zählt zu den schönsten Gebieten des Südwestens: **Biarritz** mit seinen herrlichen Stränden ist seit dem 19. Jahrhundert das „Seebad der Kaiser", die alte Hauptstadt **Bayonne** beeindruckt durch ihren erhabenen Charakter, und im alten Pilgerstädtchen

! Bahn-Tipp: Die Zahnradbahn la Rhune

Tief unten im Baskenland, unweit der spanischen Grenze, erschließt eine historisch sehenswerte Zahradbahn den mystischen „heiligen" Berg der Basken: la Rhune. Versehen mit einer Zahnstange vom System Strub, führt die Bahn seit dem 30. Juni 1924 vom Ausgangspunkt Col de St-Ignace über ein Meterspurgleis zum Gipfel. Der Berg mit seinen 887 Metern Höhe über dem Meeresspiegel liegt bereits auf spanischem Territorium. Von hier genießt man eine herrliche Aussicht über das Baskenland und den Atlantik. Die Fahrzeuge sind nicht minder sehenswert: Sechs nostalgische Zweiachs-Drehstrom-Triebwagen aus der Eröffnungszeit der Bahn mit Holzaufbauten und riesigen Drehstrom-Pantographen bewältigen den Verkehr meist mit zwei Beiwagen. Dabei überwinden sie die gewaltige Steigung von 25 Prozent (!). (Foto nahe der Bergstation: T. Meyer-Eppler).

Verkehrstage: Von Mitte März bis Mitte November täglich, ca. ab 9.30 Uhr.
Adresse: CFTA – Le Petit Train de la Rhune-Col de St-Ignace – F-64310 Sare
Telefon: (+33) 05 59 54 20 26;
Fax (+33) 05 59 47 50 76
Internet: http://www.rhune.com
E-Mail: train.rhune@wanadoo.fr

Ein x2200 passiert die im Mittelalter befestigte Kirche von Tayac bei Les Eyzies, der Welthauptstadt der Prähistorie *C. Wenger*

Drehkreuz der Region und des südwestlichen Frankreichs: der Bahnhof St-Jean in Bordeaux *M. Beitelsmann*

St-Jean-Pied-de-Port am Fuß der Pyrenäen legten die Jakobspilger seit dem Mittelalter eine letzte Rast vor der Überquerung des Gebirges ein. Überhaupt die Städte: Schmuck und malerisch wirken viele der meist kleineren Ortschaften, in denen oft viele der roten Fachwerkhäuser zu finden sind. Extra-Tipp: In Itxassou, einem abgelegenen Pyrenäental, steht eine der schönsten Kirchen des Baskenlandes mit einem vergoldeten Holzaltar.

Tourenvorschlag 18

Das Baskenland – eisenbahntechnisch

Für Eisenbahnfreunde ist das Baskenland besonders interessant durch die Grenzbahnhöfe zu Spanien: **Hendaye** auf französischer und **Irun** auf spanischer Seite. Hier erfolgt das bereits erwähnte Umspuren durchlaufender Züge. Aber auch der Abschnitt **Hendaye – Biarritz** vermag den Bahnfan zu begeistern: Zum einen ist die Strecke entlang der hügeligen Küste herrlich trassiert, zum anderen finden sich hier noch die urigen, runden Portalmasten älterer Bauart aus den Anfangstagen der Elektrifizierung. Ein Muss ist schließlich noch die Fahrt mit der Zahnradbahn auf den Berg „La Rhune" (siehe Kasten auf S. 143).

Die wichtigsten Bahnlinien

Bordeaux – Hendaye

Diese Hauptbahn führt bis an die spanische Grenze und wird auch von einigen TGV-Zügen befahren. Hinter Bordeaux geht es erst einmal für lange Zeit meist schnurgerade durch ausgedehnte Pinienwälder; erst bei Dax im Tal des Adour öffnet sich die Landschaft. Kurz vor Bayonne wird das Baskenland erreicht, und hinter Biarritz kommt der Atlantik in Sichtweite. Hier beginnt der schönste Abschnitt der Strecke, der aber nach kurzer Zeit in Hendaye, dem Grenzbahnhof, schon wieder vorbei ist. In Irun auf der spanischen Seite sind die Umspuranlagen zur iberischen Breitspur besonders von Interesse.

Bordeaux – Agen – Toulouse

Ein Teil der Transversale zum Mittelmeer ist diese wichtige Verbindung. Ihrer Bedeutung entsprechend, ist sie zweigleisig und führt durch das breite Tal der Garonne. Naschkatzen sollten in Agen einen Zwischenstopp einlegen; die Stadt ist bekannt für die – in Frankreich allgemein sehr beliebten – Backpflaumen.

Bayonne/Dax – Pau – Tarbes

Am Fuß der Pyrenäen schlängelt sich diese elektrifizierte Strecke bis hin zum weltbekannten Wallfahrtsort Lourdes, der schon in der Region Midi-Pyrenées liegt. Fotografisch besonders empfehlenswert sind die historische Altstadtkulisse in Pau sowie der schöne Talabschnitt der Bahn bis Lourdes. ■

Der Pont de Cubzac ist der längste Viadukt Frankreichs; ihn nutzen die Züge von und nach Bordeaux *C. Wenger*

i Info: Die Weine des Bordeaux

Schon die Römer wussten um das segensreiche Klima Aquitaniens – sie brachten den Wein hierher. Das Bordelais gilt als das größte Weinbaugebiet der Welt mit mehr als 100.000 Hektar Anbaufläche. Über die Hälfte der gesamten Weinproduktion Frankreichs stammt von hier. Der Bordeaux ist ein voller und fruchtiger Rotwein, der überwiegend aus den Rebsorten Cabernet-Sauvignon und Cabernet Franc gekeltert wird. Es gibt fünf Kategorien, von „Premier Cru" bis „Cinquième Cru". Als bekanntestes Weinanbaugebiet gilt der Médoc. Die schlossartigen Weingüter in diesem Rebenmeer produzieren denn auch die Spitzenweine („Premier Cru" genannt): Lafitte-Rothschild, Latour, Margaux und Mouton-Rothschild. Das Anbaugebiet Premieres Côtes de Bordeaux rechts der Garonne bietet zwar nicht so exklusive, aber sehr solide Weine. Der Landstrich Entre-deux-Mers hingegen, östlich von Bordeaux zwischen Dordogne und Garonne, steht wieder für gehaltvolle und fruchtige Rotweinsorten.

Ein x2800 mit zwei Beiwagen verlässt Albi Richtung Rodez. Im Wasser des aufgestauten Tarn spiegelt sich im Abendlicht die an eine Festung erinnernde Kirche Sainte-Cécile

C. Wenger

Midi-Pyrénées

Region, Landschaft, wichtigste Bahnlinien

Die Region Midi-Pyrénées wurde aus verschiedenen historischen Landschaften zusammengesetzt, wie der Gascogne und dem Languedoc. Geographisch lässt sie sich in drei Bereiche aufteilen: Norden und Nordosten gehören zum Mittelgebirge des Massif Central. Der mittlere bis westliche Bereich ist mäßig hügelig und wird durch den Fluss Garonne geprägt. Im Süden schließt sich das Hochgebirge der Pyrenäen an. Deren Scheitel bildet gleichzeitig die Grenze zum Nachbarn Spanien.

Hauptstadt der Region ist **Toulouse**, auf das auch nahezu alle Bahnlinien der Region ausgerichtet sind. Hier kreuzen sich die Hauptbahnen Paris – Limoges – Toulouse – Biarritz und Marseille – Narbonne – Toulouse – Bordeaux. Diese sind, ebenso wie die Strecke nach La Tour-de-Carol in den Pyrenäen, mit Gleichstrom elektrifiziert. Ein Diesel-Netz erstreckt sich über die nordöstliche Hälfte der Region, in Séverac-le-Chateau gibt es eine Anbindung an die Strecke Béziers – Neussargues, die auf einem Teilabschitt durch die Region verläuft.

Toulouse ist auch Verwaltungssitz des Départements Haute-Garonne und liegt am namensgebenden Fluss. Die Stadt ist mit 390.000 Einwohnern Zentrum eines Ballungsraumes von 965.000 Einwohnern. In den letzten Jahrzehnten hat sich Toulouse zu einem bedeutenden Luftfahrtzentrum entwickelt. Etwa 35.000 Beschäftigte arbeiten in der Luft- und Raumfahrtindustrie. Größter Arbeitgeber ist Airbus Industries, hier werden die in mehreren europäischen Werken vorgefertigten Flugzeugteile zusammengebaut.

Eine BB26000 „Sybic“ durcheilt mit ihrem Fernzug nach Paris das Viaductodrome bei Souillac C. Wenger

Info: Midi-Pyrénées

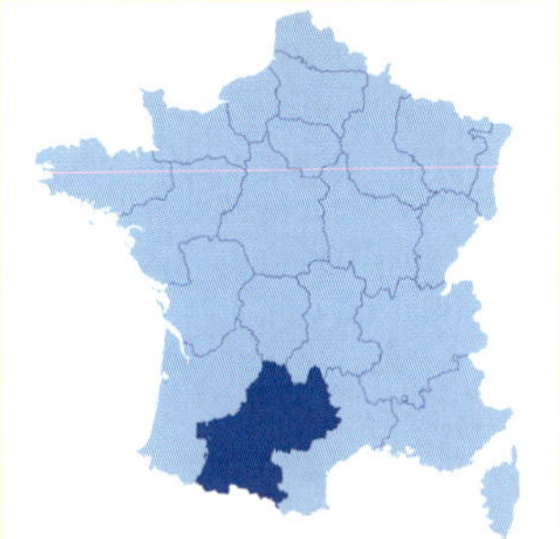

Fläche:	45.348 km?
Einwohnerzahl:	2.550.000
Hauptstadt:	Toulouse

Départements: Ariège, Aveyron, Haute-Garonne, Gers, Lot, Hautes-Pyrénées, Tarn und Tarn-et-Garonne

Wichtige Bahnknoten: Toulouse, Montauban

Mehr im Internet unter: http://www.tourisme-midi-pyrenees.com/ (nur in französischer/englischer Sprache)

Durch die malerische Landschaft des Rouergue dieselt dieser Triebwagen x2100 auf seinem Weg von Rodez nach Brive-la-Gaillarde *C. Wenger*

Toulouse wird aufgrund der zahlreichen Bauwerke aus rotem Sandstein auch „Ville Rose“ genannt, zahlreiche Patrizierhäuser wurden im Renaissance-Stil erbaut. Die Stadt verbreitet eine sympathische Atmosphäre, gemischt aus großstädtischem Treiben und südfranzösischer Lebensart. Einen Hauch von Studentenleben bringt die Universität; gegründet 1229, ist sie die zweitälteste Europas. Eisenbahntechnisch ist Toulouse durch seinen Hauptbahnhof, den **Gare Matabiau**, bekannt. In dem schmucken Gebäude mit der beeindruckenden Hallenkonstruktion hielten schon etliche traditionsreiche Fernzüge; bis heute hat der Bahnhof von seiner Bedeutung als Fernverkehrshalt nichts eingebüßt.

Tourenvorschlag 19

Von Toulouse durchs Gebirge und zurück

Der Gare Matabiau ist denn auch Ausgangspunkt unserer Touren in die Region. Die erste Etappe führt uns bis **Montauban**, wo sich die Hauptstrecken Richtung Bordeaux und Paris aufteilen. Die Hauptstadt des Départements Tarn-et-Garonne liegt malerisch an dem Fluss Tarn, dem wir noch an manch anderem spektakulären Ort unserer Tour begegnen werden. Die nach Nordwesten abzweigende Strecke nach Agen und Bordeaux quert vor Moissac noch einmal den Tarn, bevor dieser einige Kilometer westlich in die Garonne mündet.

Im Verlauf der Hauptbahn Toulouse – Paris überqueren die Züge bei Cahors den Lot C. Wenger

Die nördliche Hälfte des Départements sowie das nördlich anschließende Département Lot mit der Hauptstadt Cahors bilden die historische Landschaft Quercy, durch welche die Strecke nach Paris in nördlicher Richtung verläuft. Der Stadtrundgang durch **Cahors** führt uns zur Kathedrale Saint-Étienne mit ihren beiden uralten, exakt halbkreisförmigen Kuppeln und über den Lot via Pont Valentré, eine Brücke aus dem 14. Jahrhundert mit drei befestigten, 40 Meter hohen Türmen. Offen ist die Zukunft der Strecke Cahors – Capdenac. Die 71 Kilometer lange Linie durch das schöne Tal des Lot war als Quercyrail eine bekannte Museumsbahn. Wegen den von der SNCF geforderten Investitionen in den Oberbau, die der Verein bisher nicht tragen konnte, finden seit 2004 keine Fahrten mehr statt.

Die Fahrt nach Brive-la-Gaillarde im Süden der Region Limousin verläuft durch interessante mittelgebirgige Landschaft, spektakulär sind die Viadukte bei Souillac. Nun ahnt man als Reisender, warum die schnelle Verbindung Paris – Toulouse nicht über die direkte Strecke, sondern per TGV über Bordeaux verläuft. Es gibt aber einige hochwertige Corail- und TÉOZ-Züge auf der direkten Verbindung über Limoges, wie auch der Güterverkehr über diese Strecke geführt wird.

Das Diesel-Netz bei Brive-la-Gaillarde

In **Brive-la-Gaillarde** widmen wir uns dem Diesel-Netz im Nordosten der Region Midi-Pyrenées. Die Landschaft bleibt gebirgig, unzählige Kunstbauten bereichern die Strecken.

! Bahn-Tipp: Chemin de fer touristique du haut Quercy

Diese Museumsbahn setzt Sonderzüge auf dem Abschnitt Martel – St-Denis-lès-Martel der ehemaligen durchgehenden Verbindung Bordeaux – Souillac – Aurillac ein.
Die Strecke von 7 Kilometern Länge ist in Normalspur errichtet.
Info: http://perso.wanadoo.fr/thierry.maillard/fr/services/martel/rail.htm

Ein klassischer Dreiecksbahnhof: in Figeac kreuzen sich die Züge mit den Fahrtzielen Rodez und Aurillac C. Wenger

Erster Stop ist in **St-Denis-lès-Martel**; sonntags gibt es hier Dampfzüge von und nach Martel auf einem kurzen Reststück der Strecke nach Souillac. Die Bahnfahrt bietet weite Blicke ins Tal der Dordogne. Südlich von Martel lockt eine weitere mittelalterliche Perle: **Rocamadour**. In mehreren Ebenen über dem Flüsschen Alzou klammern sich die Bauwerke in die bis zu 150 Meter hohen Felswände des Canyons. In **Figeac** und dem nah gelegenen **Capdenac Gare** kreuzen sich die Strecken Brive-la-Gaillarde – Rodez und Toulouse – Aurillac – Clermont-Ferrand.
Die Station Figeac wurde dabei als sehenswerter Dreiecks-Bahnhof angelegt. Die folgende von beiden Strecken genutzte kurze Verbindung nach Capdenac Gare weist drei Tunnel auf, am letzten direkt gefolgt von einer Stahlfachwerkbrücke über den Lot. Weiterhin ist Capdenac Gare östlicher Endpunkt der bereits erwähnten Museumsbahn Quercyrail.
In Capdenac Gare bleibt uns die Qual der Wahl: die Direktverbindung über Cordes-sur-Ciel nach Toulouse oder der östliche Bogen über Rodez und Albi.
Beide Strecken gehören zu den sehenswertesten Bahnlinien, die Frankreich zu bieten hat. Nur Dank zahlreicher Kunstbauten ist die Landschaft durch die Eisenbahn erschlossen worden. Fast einem Wunder gleicht es schon, dass diese überregional mäßig bedeutenden Strecken durch diese vergleichsweise dünn besiedelte Gegend die bisherigen Stilllegungswellen überlebt haben.

Von Capdenac via Rodez zur „Ligne des Causses“

Wir wählen nun die Strecke über Rodez. Schon wenige Kilometer hinter Capdenac Gare wartet das nächste historische Kleinod auf uns. **Conques**, im Mittelalter Sitz

! Bahn-Tipp: Quercyrail

Auf der Strecke Cahors – Capdenac Gare entlang des Lot wurde 1980 der Personenverkehr eingestellt; heute fahren hier Museumszüge. Auf der 71 Kilometer langen, normalspurigen Bahnlinie kommen verschiedene Dieseltriebwagen zum Einsatz, unter anderem der RGP x2709 im Originalzustand. Info:
http://www.trains-fr.org/unecto/quercyrail/
http://www.quercyrail.fr.st/

Bei Millau passieren die Züge von und nach Béziers die höchste Straßenbrücke der Welt. Auf dem Weg nach Millau hat der Triebwagen das Bauwerk hinter sich gelassen *MHZ*

Info: Viaduc de Millau

Für den Lückenschluss der Autobahn von Clermont-Ferrand zum Mittelmeer wurde 2004 eine wahrhaft gigantische Brücke eröffnet: 2.460 Meter lang, Fahrbahnhöhe bis zu 270 Meter, Pylonhöhe bis zu 343 Meter (zum Vergleich: Eiffelturm ~ 324 Meter). Damit hält der Viaduc de Millau den Rekord als höchste Straßenbrücke der Welt. Anders ließ sich die tief zwischen Hochplateaus (Causses) eingeschnittene Tarn-Schlucht nicht überwinden. Die Brücke, entworfen von Norman Foster, überquert auch die Strecke Millau – Béziers und ist eine Attraktion, die selbst in der Nebensaison Franzosen aus allen Landesteilen anzieht.

einer berühmten Benediktinerabtei, verdankt seine einstige Bedeutung der Lage an einem der Hauptäste des Jacobsweges. Heute zählt das schmucke Städtchen in den Felsen oberhalb des Flüsschens Dourdou noch 300 Einwohner.

Rodez ist Sitz der Verwaltung des Départements Aveyron und liegt auf 630 Meter Höhe am Namen gebenden Fluss. Die Stadt verteilt sich komplett über einen Bergkegel, überragt von der Kathedrale Nôtre-Dame. Der Bahnhof liegt nördlich der Stadt. Die östlich nach Séverac-le-Château an der Ligne des Causses verlaufende Strecke ist eher unspektakulär.

Ein Teilstück der Ligne des Causses verläuft durch die Region Midi-Pyrénées. Zentraler Ort ist hier **Millau**, bekannt durch die neue Autobahnbrücke. Östlich von Millau verläuft der Tarn durch grandiose Schluchten, die Gorges du Tarn. Abenteuerlich ist schon die Fahrt auf der Straße unter überhängenden Felsen hindurch, gesteigert wird das durch einen Ausflug im Kanu. Unzählige Verleihstationen bieten hierfür Fahrten an.

Zurück zur Bahn: Die **Ligne des Causses** wurde bereits um 1937 elektrifiziert, wovon die vielfach noch vorhandenen Portalmasten zeugen. Diese findet man recht vollständig nördlich von Millau. Sehenswert ist dieser Abschnitt auch wegen einer beeindruckenden, 15 Kilometer langen Steigung mit 33,3 Promille Neigung.

Von **Séverac-le-Château** steigt die Strecke gen Norden weiter bis zur Hochfläche Causse de Séverac, um sich nach Le Monastier hin wieder ins Tal hinabzuwinden. Vor allem dieser vor der Kulisse zahlreicher Vulkankegel verlaufende Abschnitt ist der Engpass für die geplante Erweiterung des Güterverkehrsaufkommens. Bislang wird der Abschnitt nur von vier Personenzugpaaren bedient.

Zurück nach Albi und Toulouse

Von Rodez aus nehmen wir den Zug nach Albi; mit etwas Glück wird noch einer der

Portalmasten bestimmen abschnittsweise das Bild an der Ligne des Causses im Zentralmassiv, wie hier zwischen Millau und Severac-le-Château *M. Beitelsmann*

letzten x2800-Triebwagen eingesetzt. Die Ausfahrt führt über zwei Stadtviadukte, letzterer recht fotogen vor der imposanten Stadtkulisse. Anschließend verläuft die Strecke über einen Bergrücken bis Naucelle Gare und gönnt dabei den Reisenden beidseitig weite Blicke ins Land. Unweit von Tanus wird die Schlucht des Flusses Viaur in 116 Metern Höhe mittels des von Gustave Eiffel konstruierten **Viaduc du Viaur** überquert (s. S. 16-19).
Hoch über dem aufgestauten Tarn ragt die Kathedrale Sainte-Cécile über die hellen Ziegelhäuser von **Albi** auf. Unser Zug überquert den Fluss auf einer gemauerten Bogenbrücke direkt unterhalb der eher wie eine Festung wirkenden Kirche. Albi hat 50.000 Einwohner und ist Hauptstadt des Départements Tarn. Nach Albi wurde die religiöse Gemeinschaft der Albigenser benannt, die im Mittelalter schweren Verfolgungen durch die katholische Kirche ausgesetzt war. Berühmtester Sohn der Stadt ist wohl der Maler Henri Toulouse-Lautrec; diesem ist im Ort ein eigenes Museum gewidmet.
Weniger spektakulär ist die Strecke Albi – Toulouse, die im nördlichen Abschnitt im nun breiten Tal des Tarn verläuft. In St-Sulpice zweigt die Stichstrecke nach Castres und Mazamet ab; die Züge sind nach Toulouse durchgebunden und werden mit den modernen Triebwagen x72500 gefahren.

Tourenvorschlag 20

Kleinere Ausflüge von Toulouse aus

Wieder in Toulouse eingetroffen, wartet eine weitere Stichstrecke auf unseren Besuch: Es geht nach Westen bis **Auch**; die Hauptstadt des Départements Gers liegt auf einem Plateau oberhalb des gleichnamigen Flusses. Diese Strecke ist die einzige im genannten Département. Über die 232-stufige Escalier Monumental steigt man hinauf zur Kathedrale Sainte-Marie, eine der größten und schönsten Kirchen Südfrankreichs.
Die beiden letzten Touren in der Region gehen ebenfalls von Toulouse aus. Zuerst folgen wir der Hauptbahn nach Biarritz. Bis **Montréjeau** verläuft die Linie im Tal der Garonne. Hier zweigt die Stichstrecke in die zentralen Pyrenäen nach Bagnères de Luchon ab, einem Touristikzentrum im Winter wie im Sommer.
In Montréjeau beginnt das betrieblich hochinteressante, von großen Höhendifferenzen geprägte Streckenstück bis Tarbes, dem Verwaltungsort des Départements Haute-Pyrénées. Zentraler Abschnitt ist die **Rampe von Capvern** mit 33 Promille Steigung auf zehn Kilometern. Eindrucksvoll ist der kurz vor dem Tiefpunkt Tournay gelegene Viadukt von Lanespède. Von ein oder zwei Elektroloks der Reihe BB8500 werden die schweren Schnell- und Güterzüge in Richtung Toulouse nachgeschoben; dazu zählen oft die bis ins benachbarte Lourdes verkehrenden Pilgerzüge, welche nicht selten aus Italien kommen.
Fünf Millionen Besucher machen **Lourdes**, die „Hauptstadt der Wunder“, zum meistbesuchten katholischen Wallfahrtsort und somit zu Frankreichs zweitwichtigstem Touristikziel. 1858 soll der 14-jährigen Bernadette die heilige Maria erschienen sein, seither zieht der Ort unzählige Pilger an. Während der Erscheinung wurde eine Quelle freigelegt, deren Wasser als heilkräftig angesehen wird. Bald entstand hier ein heiliger Bezirk mit mehreren Kirchen.
Südlich von Tarbes und Lourdes liegt eine Region der Pyrenäen, die bei Sportfreunden – insbesondere Radfahrern – aus aller Welt berühmt und bekannt ist. Eine Auswahl der Pässe Col d’Aubisque, Col de Tourmalet, Col d’Aspin oder Col de Peyresourde darf bei keiner Tour de France fehlen.

Wenige Kilometer vor Cahors rollt dieser Schnellzug von Paris nach Toulouse ins Tal des Lot hinab C. Wenger

Unweit von Cordes-sur-Ciel hat dieser x2800 schon einen guten Teil seines Langlaufs von Clermont-Ferrand nach Toulouse geschafft *C. Wenger*

Unsere letzte Bahntour führt von Toulouse aus hoch in die Pyrenäen nach **La Tour-de-Carol**. Ein Besuch der Region empfiehlt sich im Frühjahr, wenn im Tal schon Frühling und in den schneebedeckten Bergen noch Winter herrscht. Erster Halt ist Foix, die Hauptstadt des Départements Ariège. Die Stadt liegt am Ausgang des einstigen Gletschertales der Ariège, in dem die Bahnlinie bis zum Scheiteltunnel unter dem Col de Puymorens in unmittelbarer Nähe zum Fürstentum Andorra verläuft. Wieder etwas hinab geht es zum Grenzbahnhof La Tour-de-Carol, der bereits in der Region Languedoc-Roussillon liegt.

Ein Nachtzug wartet in La Tour-de-Carol auf den nächsten Einsatz. Der Ort liegt hoch in den Pyrenäen, gehört aber schon zur Region Languedoc-Roussillon *J. Heinz*

Einen weiten Blick über den Étang de Bages et de Sigean hat man bei Port-la-Nouvelle von der Île Sainte Lucie aus (Strecke Narbonne – Perpignan) C. Wenger

Languedoc-Roussillon

Ein x2700 über den Dächern von Mirandol (Strecke La Bastide – Le Monastier) C. Wenger

Region, Landschaft, Bahnlinien

Die Region Languedoc-Roussillon ist eine Top-Adresse für Frankreich-Urlauber. Ob Kultur oder sportliche Aktivitäten, Kulinarisches oder Antiquarisches, ob maritim oder alpin, hier wird alles geboten, inklusive südfranzösischer Lebensart pur. Dabei profitiert die Region von ihren Gegensätzen; auch sie ist wie so manch andere aus völlig verschiedenen Landschaften zusammengesetzt. Geografisch windet sie sich um den Golfe du Lion vom Rhônedelta bis zur spanischen Grenze, die weiter entlang des Pyrenäenkamms bis Andorra verläuft. Die Mitte der Region ist an der Küste flach und wird von großen küstennahen **Binnenseen**, den so genannten Étangs, geprägt, das Hinterland steigt zu einigen Hochplateaus an und grenzt an die Region Midi-Pyrenées. Im Osten bildet das **Rhônedelta** die Grenze zur Provence, im Norden ragt die Region weit ins **Massif Central** hinein.
Mit den Albigenserkreuzzügen gegen die Katharer (1209 – 1229) kamen die okzidentalischen Teile der Region an die französische Krone. Da die Katharer das Papsttum ablehnten, war der Konflikt mit der katholischen Kirche vorprogrammiert. Das neu erstarkte Frankreich schloss sich dem in machtpolitischer Absicht an und zog gegen den de facto unabhängigen Grafen von Toulouse zu Felde. Das Roussillon kam erst im Jahre 1642 zu Frankreich, die heutige Region wurde Mitte des 20. Jahrhunderts gebildet.
Das **Eisenbahnnetz** der Region ist nicht übermäßig dicht, dafür aber umso interessanter.
Die Hauptachse bildet die weitgehend der Küstenlinie folgende Strecke Nîmes – Béziers – Narbonne – Perpignan – Cerbère und von dort nach Spanien. Die ge-

Info: Languedoc-Roussillon

Fläche:	27.376 km^2
Einwohnerzahl:	2.295.000
Hauptstadt:	Montpellier

Départements: Lozère, Aude, Gard, Hérault, Pyrénées Orientales

Wichtige Bahnknoten: Narbonne, Béziers, Nîmes

Mehr im Internet unter: http://www.sunfrance.net/

Unterwegs nahe der Küste: ein TGV zwischen Sète und Montpellier *C. Wenger*

nannten Orte sind die Knotenpunkte zu Strecken ins Hinterland. Bedeutendster Verknüpfungspunkt ist **Nîmes**. Hier enden die Bahnlinien aus Marseille und Paris – Clermont-Ferrand via Rhônetal bzw. durchs Massif Central. Auch gibt es einen Anschluss an die TGV-Linie Paris – Marseille, über die die Region gut an die Hauptstadt angebunden ist.

Mit Blick auf das Meer und die Pyrenäen: die Strecke Perpignan – Cerbère *M. Beitelsmann*

Tourenvorschlag 21

Durchs Massif Central nach Nîmes

Nîmes eignet sich gut als Basis, um die Vielfalt der Bahnen in der Region zu „erfahren". Wichtige elektrifizierte wie nicht elektrifizierte Strecken laufen hier zusammen. Dabei hängt über fast allen Hauptbahnen Fahrdraht – und zwar mit Gleichstrom. Einzige dieselbetriebene Hauptbahn ist die **Strecke von Clermont-Ferrand nach Nîmes** durch das Massif Central, auf der wir auch von der nördlich gelegenen Region Auvergne her zum „Basisstützpunkt" Nîmes anreisen. Einmal täglich verbindet der aus den komfortablen Corail-Wagen gebildete „Cevenol" die Region mit Paris. Nach der Fahrt durch die unzugängliche Allier-Schlucht erreichen wir die Region bei Langogne.
In La Bastide Puylaurent, unweit des bei 1.020 Höhenmetern liegenden Scheitelpunktes der Strecke, zweigt die Nebenbahn über **Mende** nach Le Monastier an der Ligne des Causses ab. Bis Mende, Verwaltungssitz im Département Lozère, windet sich die Strecke über das Hochplateau der Margeride, einer urtümlichen Landschaft aus Wäldern und Heide. Hier oben sind die Winter extrem hart und stürmisch, wovon die zahlreichen Schneegalerien Zeugnis ablegen. Höhepunkt der Linie ist Mirandol mit seinen beiden hoch über dem Ort liegenden Viadukten. Ab Mende schlängelt sich die Line im Tal des Lot nach **Le Monastier** hinab.
Ab La Bastide geht es über Alès hinunter bis Nîmes, dem Verwaltungssitz des Départements Gard. Die Strecke hat den Charakter einer Gebirgsbahn. Spektakulär sind die Fahrten über die Stauseen bei Prévenchères und Villefort sowie über den grandiosen **Viadukt von Chamborigaud**, der sich über 29 Bögen fast um 90 Grad hoch über ein Seitental windet (siehe auch S. 16-19).
Eine feine **Museumsbahn** gibt es südlich von Alès. Zwischen Anduze und St-Jean de Gard fährt der Zug auf dem Teilstück der nie weiter gebauten Strecke nach Millau. Die Überwindung des zerklüfteten Reliefs war einfach zu kostspielig. So fährt der Dampfzug auf seinen 13 Kilometern durch vier Tunnel, über fünf Viadukte, über eine Stahlbrücke und über zahlreiche durch Stützmauern abgesicherte Abschnitte. Schon die liebevoll eingerichtete Internetseite lockt zum Besuch der Bahn: http://www.trainavapeur.com/index.php3.
Nîmes, das französische Rom, war schon vor 2.000 Jahren eine bedeutende Stadt, wovon heute zahlreiche Baudenkmäler, vor allem das gut erhaltene Amphitheater und die Maison Carrée, zeugen.
Von Nîmes aus machen wir einen Abstecher zur Küste nach **Le Grau du Roi** und lassen uns in einer Caravelle (Triebwagen

Bei Chapeauroux streift die Cevennen-Linie die Region Languedoc-Roussillon
M. Beitelsmann

Languedoc-Roussillon steht teils auch für Kargheit: Bei La Molette, auf den Höhen des Massif Central, zieht dieser Triebwagen durch die recht einsame Landschaft M. Beitelsmann

EAD) durch die Camargue an den Westrand des Rhônedeltas schaukeln. Dieser Ort ist eine der für die Region so typischen Mixturen aus traditionellem Fischerdorf und Touristenort. Der Spagat zwischen beiden Welten gelingt, Le Grau du Roi bewahrt sich auch in der Hochsaison seinen Charme. Etwas schwieriger gestaltet sich das im benachbarten La Grande Motte mit seinen vieletagigen Betonbausünden. Im gesamten Küstenverlauf findet man immer wieder moderne Touristenorte, die zwar auf Grund ihrer uniformen Bauweise wenig anheimelnd wirken, aber dennoch so einigermaßen an die Landschaft angepasst sind, da auf die üblichen Betonklötze verzichtet wurde. Auf dem Rückweg nach Nîmes machen wir noch Station in **Aigues Mortes**. Der ehemalige Hafen, an dem sich viele Kreuzfahrer Richtung Gelobtes Land einschifften, liegt nun durch die Verlandung des Deltas der Rhône einige Kilometer im Landesinneren. Vollständig erhalten ist die imposante, 1.630 Meter lange Stadtmauer auf rechteckigem Grundriss, die man bei der Anfahrt schon von weitem über das flache sumpfige Land erkennt.

i Info: Pont du Gard

Der 275 Meter lange und 48 Meter hohe Aquädukt bei Remoulins über den Fluss Gardon wurde zu römischer Zeit als Teil eines über 50 Kilometer langen Systems aus Wasserleitungen zur Versorgung der nahe gelegenen Stadt Nîmes gebaut.

Tourenvorschlag 22

Von Nîmes zur Küste und Richtung Spanien

Nochmals zurück nach Nîmes: Von hier aus geht es gen Südwesten nach **Montpellier**, der 245.000 Einwohner zählenden Hauptstadt der Region und des Départements Hérault. Die Stadt wurde erst im Mittelalter als Verteidigungsanlage gegen Piraten angelegt. Die Universität wurde 1289 gegründet. Während der Reformation traten viele Einwohner dem Protestantismus bei, die Stadt wurde als Festung des protestantischen Widerstandes gegen das katholische Königshaus von König Louis XIII acht Monate lang belagert und schließlich im Jahre 1622 erobert. Heute ist Montpellier eine turbulente und faszinierende Stadt, die das savoir-vivre verkörpert. Lauschige Altstadtgässchen findet man ebenso wie mondäne Häuserzeilen (insbesondere am Place de la Comédie) und ruhige Parks. Mit dem neuartigen Stadtviertel „Antigone" setzt Montpellier ein architektonisches Ausrufezeichen. Ebenso bemerkenswert ist die Straßenbahn, ein hochmodernes, hervorragend organisiertes Nahverkehrsmittel; der bestehenden Linie werden in Kürze zwei weitere folgen.

Nächster Anlaufpunkt ist **Sète**, der zweitgrößte Mittelmeerhafen Frankreichs. Die Stadt liegt zum Teil weithin sichtbar auf dem Hügel Mont Saint-Clair. Der flache Stadtteil ist von Kanälen durchzogen, auf denen das in Südfrankreich so populäre Fischerstechen (les Joutes) stattfindet.

Bis Agde verläuft die Bahnlinie auf einem 13 Kilometer langen Damm zwischen dem Meer und dem Étang de Thau, Richtung Béziers schwenkt sie ins Landesinnere ab. Dort zweigt die auf Grund ihrer vielerorts von Portalmasten aus der Zeit der Elektrifizierung von 1937 getragene

i Info: Les Joutes de Sète

Zwischen Juni und September bietet Sète diese Attraktion. Nach der Prozession durch die Stadt beginnt der sportliche Teil: Zwei Boote mit etwa zehn Mann Besatzung rudern gegeneinander an. Auf einer hohen Plattform am Heck stehen mit gepolsterten Lanzen bewehrte Kämpfer und versuchen, den jeweiligen Gegner aus dem entgegenkommenden Boot ins Wasser zu stoßen.

Die erste Linie der Straßenbahn von Montpellier wurde 2000 eröffnet C. Wenger

Nahverkehr im Massif Central: Triebwagen in Bédarieux, abfahrbereit nach Béziers MHZ

Béziers fasziniert unter anderem durch die auf einer Hügel errichtete Altstadt samt Kathedrale. Zu Füßen der Altstadt überquert eine ältere Talgo-Garnitur den Fluss Orb *C. Wenger*

Fahrdraht legendäre Ligne des Causses ab. Sie verläuft entlang der Grenze zur Region Midi-Pyrenées Richtung Bédarieux – Millau (– Clermont-Ferrand). Die Stadt **Béziers** fasziniert durch ihre Altstadt, die auf einem Hügel liegt. Weithin sichtbar erhebt sich die Kathedrale über den Fluss Orb, der in nächster Nähe von nicht weniger als fünf Brücken (darunter einer Eisenbahnbrücke und der Wasserstraße des Canal du Midi) überquert wird.

Von Béziers nach Spanien

In **Narbonne** zweigt die Hauptbahn nach Toulouse ab. Diese verläuft in zahlreichen Abschnitten parallel zum Canal du Midi. Das touristisch meistbesuchte Ziel Südfrankreichs ist **Carcassonne** mit seiner Altstadt. Nirgendwo anders kann man mittelalterliche Baukunst so anschaulich erleben. Die doppelte Stadtmauer mit ihren unzähligen Wehrtürmen ist vollständig erhalten. Nach den Albigenserkriegen wurde sie derart ausgebaut und galt als uneinnehmbar. Alleine schon durch diesen Status, später auch durch die

i Info: Canal du Midi

Der Canal du Midi verbindet auf 240 Kilometern Länge und 190 Metern Höhendifferenz Sète mit der Garonne bei Toulouse und damit das Mittelmeer mit dem Atlantik. Ohne technische Hilfsmittel zwischen 1661 und 1681 errichtet, stellt das Bauwerk mit seinen zahlreichen Schleusen und Bewässerungszuführungen einen Meilenstein der Ingenieurskunst dar.
Nach Übernahme der Transportaufgaben durch die effizientere Eisenbahn bietet der Kanal, wie so viele andere in Frankreich auch, Urlaubsvergnügen für Reisende in den zahlreichen mietbaren Hausbooten.

Warten auf den Zug... Kindergruppe im Bahnhof von Béziers *MHZ*

Angliederung des Roussillon und den dadurch bedingten Verlust der Grenzlage, ging die Bedeutung zurück. Das heutige Stadtzentrum von Carcassonne, dem Verwaltungssitz des Départements Aude, liegt einige Kilometer abseits der historischen Altstadt.

Auf dem Weg nach Perpignan fahren wir von Narbonne aus scheinbar mitten durchs Meer. Flankiert vom parallel verlaufenden Canal de Robine, liegen die Gleise auf einem Damm zwischen den Binnenseen Étang de Bages et de Sigean und Étang de l'Ayrolle. Unterhalb der Felskante der Île Sainte Lucie entlang der ortsnahen Salinen erreichen wir **Port-la-Nouvelle**, den drittgrößten Hafen Frankreichs am Mittelmeer. Auch dieser Ort vereinigt Fischereibetrieb, Industriehafen und Badetourismus miteinander. Eisenbahnfreunde kommen bei einer Wanderung zur Île Sainte Lucie auf ihre Kosten: Von den Felskanten aus gibt es weite Blicke über die Binnengewässer auf ferne Küsten, in den Becken der Salinen spiegeln sich die unterschiedlichsten Züge im klaren Wasser. Nahezu alles, was auf dem südwestlichen Gleichstromnetz an Fahrzeugen eingesetzt wird, lässt sich hier vor wunderbarem Hintergrund ablichten.

Weiter geht es entlang von Binnenseen und Salinen. Weinorte wie Fitou und Salses-le-Château passieren wir auf unserer Fahrt nach Perpignan entlang des Étang de Leucate ou de Salses.

Perpignan ist mit 105.000 Einwohnern die Hauptstadt des Départements Pyrénées-Orientales. Die Stadt liegt 30 Kilometer nördlich der spanischen Grenze im Zentrum der nordkatalanischen Landschaft Roussillon und gehört erst seit 1659 zu Frankreich. Zahlreiche historische Gebäude zeugen noch von der Vergangenheit als Hauptstadt der Königreiche Aragon-Katalonien und Mallorca, auch sonst verbreitet die Stadt schon ein gemischt französisch-spanisches Flair.

Die Hauptstrecke führt weiter bis nach **Cerbère** an der spanischen Grenze. Ab Argelès-sur-Mer verläuft die Bahn direkt entlang der Côte Vermeille, hier steigen die Pyrenäen steil aus dem Mittelmeer auf. Vorbei geht es an kleinen Wein- und Fischerdörfern wie Banyuls-sur-Mer oder Collioure, das von zahlreichen Impressionisten besucht wurde und seinen Ruf als Künstlerdorf bis heute erhalten hat. In Cerbère und dem spanischen Portbou wird umgespannt, zwischen beiden Orten verläuft der Verbindungstunnel in Normalspur und spanischer Breitspur.

! Bahn-Tipp: Autorail touristique du Minervois

Diese Touristikbahn führt entlang des Canal du Midi ins Plateau des Minervois. Eingesetzt werden zwei der legendären, aufgrund ihrer asymmetrisch aufgesetzten Führerkanzel „Picasso" genannten Dieseltriebwagen (Reihe x3800). Die Fahrt ist kommentiert und es werden mehrere regionale Sehenswürdigkeiten besucht.
Info im Internet: http://atm.fr.tc/

„Train jaune" – gelber Zug; so heißen im Volksmund die Züge der Ligne de Cerdagne. Hier befährt einer der Schmalspurzüge den Viaduc de Séjourné *C. Wenger*

Tourenvorschlag 23

Ausflug in die Pyrenäen

Zum Schluss unserer Tour durch die Region Languedoc-Roussillon reisen wir über die Hochplateaus der Pyrenäen. Von **Perpignan** fahren wir in einem Elektrotriebwagen der Standard-Bauart Z2 nach **Villefranche-Conflent**. Hier beginnt die beliebte Ligne der Cerdagne, eine mit 850 Volt Gleichstrom per Stromschiene betriebene Schmalspurbahn nach La Tour-de-Carol.

Dank unzähliger Kunstbauten, darunter 19 Tunnel und zwei spektakuläre Viadukte, bewältigt die meterspurige Bahn nicht weniger als 1.165 Meter Höhendifferenz. Die leuchtend gelben Züge durchqueren bereits seit 90 Jahren die Cerdagne und verbinden die katalanischen Hochplateaus mit dem Rest des Départements. Teilstücke wurden 1909 eröffnet, **La Tour-de-Carol**, Endpunkt der 63 Kilometer langen Strecke und Anschlussbahnhof in Richtung Toulouse und Barcelona, wurde 1927 erreicht.

Hier gilt es noch, eine Besonderheit zu erwähnen: La Tour-de-Carol ist der einzige Bahnhof in Europa mit drei Spurweiten: Normalspur (SNCF), iberische Breitspur (RENFE) und Meterspur (Ligne de Cerdagne). Der Viaduc de Séjourné, vollständig aus Granit gemauert, überwindet eine Schlucht in 65 Metern Höhe. Der Hauptbogen der unteren Ebene hat eine Spannweite von 30 Metern. Technisch einmalig ist der **Pont du Gisclard**: Die 1909 fertig gestellte Brücke wurde – für Bahnstrecken sehr außergewöhnlich – als Schrägseil-Hängebrücke konstruiert (s. S. 16-19). ■

Einen herrlichen Ausblick auf den Hafen von La Redonne genießen die Reisenden des Nahverkehrszugs Marseille – Miramas
M. Beitelsmann

PACA
Provence-Alpes-Côte d'Azur

Region und Landschaft

Die südfranzösische Region Provence-Alpes-Côte d'Azur (kurz PACA) vereint **landschaftliche Gegensätze** wie keine andere im Land: hochalpine und subtropische Landschaften, mondäne Kurorte, schneebedeckte Alpengipfel, Lavendelfelder und verträumte Dörfer, weites Mittelmeer und nicht zuletzt die lebendige Hafenstadt Marseille – all dies findet sich in dieser einzigartigen Region. An der östlichen Côte d'Azur macht sich bereits der italienische Einfluss bemerkbar. Kein Wunder, gehörte doch die Gegend um Nice (Nizza) bis 1860 zu Savoyen und somit zu Italien.
Urlauber wissen die **Provence** und die **französische Riviera** schon lange zu schätzen – für viele ist die Region schlicht der Inbegriff für Urlaub in der südlichen Sonne Frankreichs. Nicht unbedingt für den kleinen Geldbeutel geeignet ist die Côte d'Azur: Monaco und Cannes, Nice und St-Tropez sind nicht nur weltbekannte Badeorte, sie stehen auch für Jet-Set und Promi-Spektakel. Dennoch gibt es zwischen diesen Orten auch noch malerische, ja sogar fast unberührte Abschnitte längs der Küste, besonders im Esterel-Gebirge. Das Hinterland der Côte d´Azur hat sich ohnehin vielfach seinen urtümlichen Charme bewahrt.
Im Westen der Region fließt die Rhône, deren Tal sich nördlich von Avignon deutlich verbreitert, in das Mittelmeer, Das **Rhônedelta** ist eine der großartigsten Landschaften Frankreichs: weite, wilde Sümpfe inmitten unberührter Natur, die selbst Flamingos eine Heimat bietet. Inmitten des Deltas die beiden berühmten Städte Saintes-Maries-de-la-Mer – hierhin führt alljährlich im Sommer eine große Zigeunerwallfahrt – sowie weiter

Bei Marseille-L'Estaque verlässt ein Güterzug mit einer Elektrolok BB7200 die Hafenstadt. Rechts die alte Strecke von Miramas M.B.

östlich Aigues Mortes mit seiner mächtigen Stadtbefestigung. Im Mittelalter war der Ort Ausgangspunkt vieler Kreuzzüge. Aber hier grenzt die Provence bereits an das Languedoc. Im Gegensatz zu der unter strengem Naturschutz stehenden Camargue befindet sich östlich des Deltas am Étang de Berre ein großes Industrierevier mit ausgedehnten Hafenanlagen – das industrielle Herz der Region.
In der nördlichen Provence dominiert der Mont Ventoux die Landschaft; die Schluchten des Vaucluse sind ebenso atemberaubend. Schon bald werden die Hochalpen sichtbar; einige Täler sind für den (Ski-)Tourismus erschlossen, andere

„Blauwale" dominieren inzwischen auch auf den Nebenbahnen der Alpen, wie hier im Juli 2004 bei La Rochette M. Beitelsmann

wiederum noch gänzlich unberührt.
Die **Seealpen** reichen bis hinunter zur Cote d'Azur.
Sehenswert ist auch der Grand Canyon du Verdon südlich von Digne: Wie eine gewaltige Wunde klaffen die Gorges (Schluchten) in der Erdoberfläche. In Schwindel erregender Tiefe schlängelt sich der Fluss wie ein jadegrünes Band durch die Schlucht. Bis zu 700 Meter tief grub sich der Verdon in den weichen Jura-Kalk, ehe er nach 21 Kilometern in den Lac de Sainte-Croix mündet. Bevor die Wassermassen durch den Bau von Staustufen reguliert wurden, war es ein nahezu unmögliches Unterfangen, den Canyon zu durchqueren.

i Info: Provence-Alpes-Côte d'Azur (PACA)

Fläche:	31.400 km²
Einwohnerzahl:	4.480.000
Hauptstadt:	Marseille

Départements: 6 (Alpes-de-Haute-Provence, Hautes-Alpes, Alpes-Maritimes, Bouches-du-Rhône, Var, Vaucluse)

Wichtige Bahnknoten:
Marseille, Avignon, Nice, Veynes

Mehr im Internet unter:
http://www.crt-paca.fr/deu/accueil_html.jsp?LNGID=deu

Marseille

Frankreichs größte Hafenstadt hatte lange einen zweifelhaften Ruf. Heute ist davon – zumindest tagsüber – nichts zu sehen. Am Vieux Port zeigt sich die Stadt sogar von ihrer Schokoladenseite. Der „Hauptbahnhof" **Marseille-St-Charles** ist ein Kopfbahnhof; verlässt man ihn, liegt einem die Stadt buchstäblich zu Füßen. Eine große Freitreppe offeriert den Weg in die Stadt und zum alten Hafen, all das kann man vom höher gelegenen Bahnhof aus bestens überblicken. Nur wenige Schritte

Bild oben: Der Viadukt von Anthéor-Plage krönt den eindrucksvollen Streckenabschnitt am Fuße des Esterel-Gebirges *C. Wenger*

Bild Mitte: Unverkennbares Merkmal – die Lavendelfelder gehören zur Provence einfach dazu *M. Beitelsmann*

sind es dann bis zur Canebière, auch heute noch immer die Flaniermeile der geschäftigen Stadt.
Wirtschaftlich lebt Marseille in erster Linie von seinem **Hafen**, und das seit alters her. Marseille ist eine Gründung griechischer Seeleute, die hier an der geschützten Bucht einen ihrer Handelshäfen errichteten, noch bevor die Römer und Gallier die Stadt vergrößerten. Hier legen auch die Fähren nach Ajaccio und Bastia auf Korsika ab. Der Seehandel begründete den Ruf von Marseille als Frankreichs Tor nach Afrika, besonders nach Algerien. Ein Erbe, das bis heute nachwirkt, leben doch zahlreiche Menschen aus den früheren Afrika-Kolonien in der Hafenstadt und prägen ihr Bild, was gesellschaftlich nicht unproblematisch ist. Marseille beherbergt Menschen der unterschiedlichsten Kulturen und

Länder – Spanier, Italiener, Marokkaner, Algerier, Einwanderer aus Indochina und vor allem Armenier bestimmen das Gesicht dieser Stadt, die stets dem Meer zugewandt war.
Auf den Besucher macht Marseille meist einen etwas ungeordneten Eindruck; die Nähe zu Afrika ist nicht nur durch seine Einwohner stets spürbar. Dennoch oder gerade deswegen ist die Stadt so interessant. Und wer einmal in einer der typischen Hafenkneipen am Quai de la Joliette eine echte Bouillabaisse (Fischsuppe) genossen hat, wird verstehen, was die Menschen immer wieder nach Marseille zieht. Übrigens: Die französische Nationalhymne, die „Marseillaise", wurde hier während der Revolution zum ersten Mal gesungen.

Avignon

Die Hauptstadt des Départements Var am Zusammenfluss von Durance und Rhône gilt als Eingangstor der Provence. Das Rhônedelta und das Mittelmeer sind nicht mehr weit. Überragt wird Avignon durch den imposanten **Papstpalast** aus dem 13. Jahrhundert, von dem aus im Mittelalter die Gegenpäpste zu Rom regierten. Ebenso berühmt ist der viel besungene **„Pont d'Avignon"** über die Rhône, der allerdings als Ruine nur noch bis zur Flussmitte reicht. Avignon ist auch eine wichtige Station des **TGV Méditerranée**, dessen Stecke sich in der Nähe der Stadt teilt – ein Ast führt weiter nach Marseille, die Abzweigstrecke bringt die Reisenden nach Nîmes und in den Languedoc. Avignon besitzt überdies ein großes **Lokomotiv-Depot** der SNCF, welches früher vor allem durch die schweren Gleichstrom-Elektroloks wie die BB7100 bekannt war.

Bei Les Bernards ragt noch eine Kapelle aus dem aufgestauten Lac de Serre-Ponçon *C.W.*

Tourenvorschlag 24

Entlang der Côte d'Azur

Kaum ein anderes Verkehrsmittel eignet sich besser, den Küstenabschnitt zwischen Fréjus-St-Raphaël und Menton besser kennen zu lernen als die Eisenbahn. Auf dieser schönen zweigleisigen Strecke fährt der TER-Nahverkehr in dichtem, teils sogar 20-minütigen Takt, und das meist direkt am Meer entlang!
Der Abschnitt Fréjus – Menton ist Teil der internationalen **Hauptbahn Marseille – Nice – Italien**, die auch von zahlreichen TGV-, Corail- und Expresszügen befahren wird. Da die Bahnlinie Marseille – Ventimiglia abweichend von der sonst im Süden üblichen Gleichstrom-Elektrifizierung mit Wechselstrom betrieben wird, fahren auf ihr ausschließlich Zweifrequenzloks und -Triebwagen (von denen es in Frankreich jedoch reichlich gibt). Zweiglinien findet man hingegen eher selten: Lediglich der Abzweig nach Hyères bei Toulon, die private Schmalspurbahn Nice – Digne und die Tendabahn bieten Anschlüsse. 2004 kam die Strecke Cannes – Grasse hinzu, die nach jahrelanger Stilllegung saniert und elektrifiziert wurde. Jetzt bieten moderne Elektrotriebwagen im dichten Takt wieder eine gute Reisemöglichkeit von der Küste zu der weltberühmten „Hauptstadt des Parfüms".

Von Fréjus nach Nice

In **Fréjus-St-Raphaël**, unserem Ausgangsort, beginnt das Esterel-Gebirge, das mit seinen rötlich schimmernden Felsen, die zum Meer hin steil abfallen, eine wildromantische Küste bildet. Bei Agay mit seinem Palmen bestandenen Haltepunkt können wir bereits unseren Zug verlassen, um ein Bad im Meer zu nehmen oder einfach nur in einem der zahlreichen Cafés an der Strandpromenade das Treiben zu beobachten. Weiter führt die Strecke durch Einschnitte und Tunnel des Esterel-Gebirges. Die Buchten sind romantisch, aber meist felsig und zum Baden nur bedingt geeignet. In Anthéor-Plage jedoch zieht eine geschützte Bucht viele Badegäste an. Unser Zug überquert den Ort auf einem herrlichen, gemauerten Viadukt, der uns einen prachtvollen Ausblick über das blaue Meer bietet (s. auch S. 16-19).

Über Le Trayas und Théoule-sur-Mer, wo ein niedriger Viadukt direkt über den Yachthafen führt, gelangen wir zum mondäneren Teil der Küste. Eine der größten Städte an der Côte d´Azur ist **Cannes**, weltbekannt durch seine Filmfestspiele und das legendäre Hotel Carlton. Der Palmen bestandene Boulevard de la Croisette führt direkt am Stand entlang und trennt die Strände der Reichen und Schönen von den Flaniermeilen der Stadt. Durch St-Juan-les-Pins und Antibes, das malerisch auf einem Felsen über dem Meer liegt, erreichen wir **Nice**, Hauptstadt des Départements Alpes-Maritimes. Am Flughafen, der aus Mangel an ebenen Flächen weit in das Mittelmeer hinein gebaut wurde, beginnt die Promenade des Anglais, eine groß angelegte Uferstraße. Wir verlassen den Zug in der Station von Nice, die eine sehr schöne nostalgische Bahnhofshalle aufweist. Leider wird die Szenerie durch die Betonständer der parallel führenden Hochstraße arg beeinträchtigt. Dafür lohnt ein Spaziergang in der sehenswerten Altstadt, dem „Vieux Nice", mit ihren verwinkelten Gassen umso mehr; sie bezeugen den italienischen Ursprung der Stadt. Ein Muss für Kunstliebhaber ist das Chagall-Museum im Norden der Stadt. Hier, oberhalb der

! Bahn-Tipp: Die Küstenlinie Marseille – Fos – Miramas

Abseits der großen Routen liegt diese von der PLM errichtete, großartig trassierte Verbindung. Nachdem sie bei Marseille-l'Estaque die Hauptstrecke verlassen hat, führt die Strecke als „Panoramabahn" die nächsten 15 Kilometer dicht an der Küste entlang. Da hier das l'Estaque-Gebirge steil ins Meer abfällt, mussten zahlreiche Viadukte und Tunnel angelegt werden.
Die Aussichten während der Fahrt sind entsprechend spektakulär.
Ebenfalls bemerkenswert ist die große Drehbrücke bei Martigues, die über die Verbindung zu den wichtigen Industriehäfen am Étang de Berre führt.

Ein TER-Zug hat bei Aspres-sur-Buëch die Alpen hinter sich gelassen und strebt dem Tal der Rhône zu M. Beitelsmann

Fernverkehr am Mittelmeer: Vor den Städten Antibes und Cannes schlängelt sich der TGV durch die Pinien unterhalb des Esterel-Gebirges *C. Wenger*

Altstadt, befindet sich das frühere Hotelviertel Cimiez mit großartigen Residenzen inmitten von Palmen bestandenen Parks. Nice war in der Belle Époque vor mehr als 100 Jahren der Treffpunkt der europäischen Königs- und Fürstenhäuser, die hier ihre Winter verbrachten.

Von Nice nach Menton

Im Zug geht die Reise weiter über so bekannte Orte wie Villefranche-sur-Mer, Eze-sur-Mer und Cap d´Ail, die allesamt zum Aussteigen reizen. Falls man im Zug bleibt, kommt man in das **Fürstentum Monaco**, das im Stadtteil Monte Carlo mit seinem Spielcasino als Paradies für Glücksritter aufwartet. Die Grimaldis, die das kleine Fürstentum seit Jahrhunderten beherrschen, haben es verstanden, die Unabhängigkeit des kleinen Landstrichs, der nur wenige Quadratkilometer entlang der Küste umfasst, bis heute zu bewahren. Bekannt und beliebt ist Monaco auch als Steuerparadies für Betuchte. Die Fürstenfamilie, die in einem alten Schloss auf dem Felsen oberhalb der Altstadt von Monaco residiert, ist außerdem ein unverzichtbarer Teil der internationalen Boulevardpresse. Das Fürstentum hat aber mehr zu bieten als Jet-Set, Spielcasino und Formel-1-Dorado: Das Meeresaquarium genießt Weltruhm. Die Sache hat nur einen Haken – um es zu sehen, muss man im unterirdischen Bahnhof Monaco-Monte Carlo den Zug verlassen. Seit 1996 verläuft die Eisenbahn im Fürstentum über 5,7 Kilometer vollständig im Tunnel quasi als U-Bahn –

Ein abenteuerliches Panorama: Sowohl die Bahnlinie als auch das Dörfchen Saorge oberhalb der Tendabahn hängen mitten in der Felswand *C. Wenger*

die Trasse wurde komplett überbaut; der Baugrund ist hier halt sündhaft teuer, und der Platz rar.
Nach Verlassen von Monaco hat uns das Tageslicht wieder und belohnt uns sofort mit phantastischen Ausblicken auf das Meer und die hier steil abfallenden Seealpen. Nach kurzen Halten in Cap-Martin-Roquebrune und Carnolès erreichen wir nach nur wenigen Kilometern **Menton**. Hier ist das Ende der französischen Riviera erreicht; die Grenze zu Italien ist nicht mehr weit, die italienische Atmosphäre bereits unübersehbar. Auch in Menton bestimmen Luxusyachten das Bild des Hafens. Nach dieser Reise bleiben vor allem zwei Dinge im Gedächtnis: die klaren Farben des Südens und der Duft des Meeres.

Weitere wichtige Strecken der Region

Marseille – Aix-en-Provence – Veynes

Von Süd nach Nord, vom Mittelmeer in das Herz der französischen Alpen, führt diese landschaftlich schöne, nicht elektrifizierte Hauptbahn. In Sisteron beginnt die Provence. Neben wenigen lokbespannten Zügen verkehren meist moderne Nahverkehrstriebwagen.

Gap – Briançon

Nur wenige Täler der südlichen französischen Alpen sind von Verkehrswegen gut erschlossen: Die Strecke nach Briançon gehört dazu. Besonders im Winter ist sie mit Fernzügen von und nach Paris belegt, die Wintersportler zu den Pisten bringen.

Höhepunkt der Strecke ist die Fahrt am Lac de Serre-Ponçon entlang.

Die Schmalspurlinie Nice – Digne (Chemins de fer de Provence – CP)

Zu den sehenswertesten und landschaftlich schönsten Strecken Frankreichs zählt die schmalspurige Chemins de fer de la Provence (kurz CP) von Nice nach Digne. Von der französischen Riviera kann man sich mit den bunten Schienenbussen über Meterspurgleise weit in abgeschiedene, alpine Täler schaukeln lassen, bis in der Provinzstadt Digne das Herz des Départements Hautes-Alpes erreicht ist. Auf einem Teilabschnitt, zwischen Puget-Théniers und Annot, sind in der Sommersaison auch Dampfzüge unterwegs (siehe Kasten). Ihren Ausgangspunkt nimmt die Bahn im Bahnhof Nice CP unweit des Zentrums. Rundreisen mit der Eisenbahn unter Benutzung der CP sind heute leider nicht mehr möglich; die Bahnlinie Sisteron – Digne der SNCF ist schon lange stillgelegt.

Die Tendabahn

Eine der wenigen „echten" Gebirgsbahnen in Frankreich – dazu noch eine internationale – ist die Tendabahn zwischen Nice, Ventimiglia und Cuneo. Sie weist eine wechselvolle Geschichte auf: Im Zuge von Grenzstreitigkeiten zwischen Frankreich und Italien wechselte der zentrale Bereich der Linie mehrfach den Landesherren – mit der Folge, dass die Tendabahn jahrzehntelang nicht durchgängig befahrbar war. Erst seit 1979 ist sie wieder vollständig befahrbar. Neben einer teils atemberaubenden Trassierung ist sie auch betrieblich interessant: Fahrzeuge der SNCF und der italienischen FS teilen sich den Verkehr. ■

Die Privatbahn CP verbindet Nice mit Digne; hier ein Zug kurz vor Digne *C. Wenger*

Im Bahnhof von Le Trayas wartet ein moderner Doppelstocktriebwagen auf Fahrgäste nach Cannes und Nice *C. Wenger*

i Info: Dampfzüge Nice – Digne

Im Abschnitt zwischen Puget-Théniers und Annot finden auf der CP im Sommer regelmäßige Dampfzugfahrten statt, meist an den Wochenenden und Feiertagen. Eingesetzt werden zwei Dampfloks (230 T Nr. 327 und 020 T Nr. 211 – eine Henschel-Lok aus Portugal).

Kontakt:
GECP – Dépôt des locomotives –
F-06260 Puget-Theniers
Tel.: (+33) 04 97/03 80 80
Internet: http://www.chez.com/gecp/

Der betagte Renault-Triebwagen hat die Bucht von Calvi bereits umfahren und erreicht in wenigen Minuten Algajola C. Wenger

Corse

Unweit von Calvi verlassen die letzten Urlauber den Strand, während sich über Lumio und der Balagne schon die Gewitter austoben C. Wenger

Region und Landschaft

Korsika – aus reiner Gewohnheit verwenden wir diesen in Deutschland gebräuchlichen Namen. Der Eigenname ist Corsica, französisch heißt es Corse; gemeint ist die **größte französische Insel im Mittelmeer**, westlich von Italien und nördlich von Sardinien gelegen. Korsika wird auch als Gebirge im Meer bezeichnet: Der Hauptkamm verläuft in nordsüdlicher Richtung über die gesamte Insel, in den Spitzen bis zu 2.700 Meter hoch. So wechselt die Landschaft auf wenigen Kilometern ihren Charakter von **hochalpin bis mediterran**. Dieses kommt dem Tourismus, der Haupteinnahmequelle der Insel, durchaus zugute.

Info: Corse

Fläche:	8.680 km^2
Einwohnerzahl:	260.200
Hauptstadt:	Ajaccio
Départements:	Corse du Sud, Haute Corse
Einziger Bahnknoten:	Ponte Leccia

Mehr im Internet unter : http://www.visit-corsica.com/grand public/ (engl. und französ. Fassung) http://www.corsica.net/corsica/de/venir (dt. Fassung)

Während man den einen Tag in mediterranem Ambiente am Strand verbringen kann, lässt sich der nächste Tag nur einige Kilometer entfernt mit Bergwanderungen durch gebirgiges Terrain erleben. Berühmt bei Alpinisten sind einige Wanderwege durch die Berge. Badestrände findet man vor allem im Norden und Osten. Sehenswert sind viele der korsischen Städte und Dörfer, die sich oft den Charme früherer Jahrhunderte bewahrt haben.

Der morgendliche Zug nach Ponte Leccia verlässt den Bahnhof von Île Rousse; diese Züge werden mit den moderneren Triebwagen gefahren *C. Wenger*

Bastia im Nordosten ist bedeutendster Fährhafen und wirtschaftliches Zentrum der Insel. Die 40.000 Einwohner zählende Stadt ist Verwaltungssitz des Départements Haute-Corse.

Die Eisenbahn auf Korsika

Das meterspurige, zwischen 1888 und 1894 eröffnete „Eisenbahnnetz" der Insel besteht heute nur noch aus **zwei Strecken**: Bastia – Casamozza – Ponte Leccia – Ajaccio (Länge 157 Kilometer) und Calvi – Île Rousse – Ponte Leccia (Länge 73 Kilometer). Die Bahn entlang der Ostküste von Casamozza nach Porto Vecchio wurde nach starken Kriegszerstörungen nicht wieder aufgebaut, obwohl sie die einträglichste Linie der Insel war.
Auch die verbliebenen Strecken waren in den 1960er- und 1970er-Jahren stark einstellungsgefährdet. Die Betreibergesellschaften wechselten, gingen in Konkurs, bis nach Protesten der Bevölkerung 1983 auf Antrag der Region die Französische Staatsbahn SNCF den Betrieb übernahm. Nach Bedarf verkehren auch einzelne Güterzüge auf dem Netz. Eine größere Bedeutung hat der Güterverkehr auf Korsika aber nicht, da es weder Bodenschätze noch umfangreiche Aufkommen an landwirtschaftlichen Produkten aus dem Hinterland zu transportieren gibt. Aktuell sind einige rumänische Fahrzeuge (darunter Dieselloks) in Casamozza stationiert, da 2006/2007 umfangreiche Erhaltungsarbeiten an den Gleisen anstehen.
Der **Bahnbetrieb** auf Korsika ist in mehrerlei Hinsicht bemerkenswert: Die Züge fahren sowohl am Meer entlang als auch durch das gebirgige „Hinterland". Zum Einsatz kommen ältere ebenso wie moderne Triebwagen.

Tourenvorschlag 25

Von Bastia nach Ajaccio und Casamozza

Die Strecke Bastia – Ajaccio überwindet mit Hilfe zahlreicher Kunstbauten den Hauptkamm des korsischen Hochgebirges und steht dabei landschaftlich wie bautechnisch einer Alpenbahn in nichts nach. Ein Scheitelpunkt bei 930 Metern, der 3.916 Meter lange Tunnel unterhalb des Col de Vizzavona, mehrere Kehrschleifen

Unterhalb von Lumio haben die Fahrgäste bei ihrer Bahnreise nach Ponte Leccia noch einen letzten Blick über die Bucht auf Calvi C. Wenger

mit kurzen Tunneln sowie der 80 Meter hohe Vecchio-Viadukt erinnern durchaus an die Gotthard- oder Lötschberglinie. Mit nur vier durchgehenden Zugpaaren und wenigen Fahrten auf Teilstrecken ist die Zugdichte eher gering. Deutlich mehr Zugfahrten gibt es zwischen Bastia und Casamozza, auf diesem flachen Abschnitt entlang der Ostküste kommt ein Hauch von Vorortbahn-Atmosphäre auf. Casamozza war auch Ausgangspunkt der Strecke an der Ostküste und beherbergt daher aufgrund der vergleichbar zentralen Lage die Werkstätten der korsischen Eisenbahnen.

Ajaccio, mit 53.000 Einwohnern Regionshauptstadt und Verwaltungssitz des Départements Corse du Sud, ist geprägt

Über den Viadukt von Ponte Nuovo klettert dieser Zug von Bastia seinem Zwischenstopp in Ponte Leccia entgegen *C. Wenger*

von Napoléon Bonaparte. Der französische Feldherr, ein Sohn der Stadt, ist allgegenwärtig; in seinem Geburtshaus gibt es ein kleines Museum. Ajaccio liegt wie viele korsische Küstenstädte an einer fjordartigen Bucht, überragt von einer mächtigen Zitadelle. Den Hafen teilen sich Fähren, Fischer und Freizeitkapitäne.

i Info: Fähren nach Korsika

Vier Gesellschaften fahren Korsika an: Moby Lines, Corsica Ferries, Linee Lauro und SNCM. Die ersten drei bieten Verbindungen von italienischen Häfen aus an, die SNCM bedient von Marseille, Toulon und Nice aus Bastia, Île Rousse, Calvi, Ajaccio, Propiano sowie Porto Vecchio. Info:
http://www.mobylines.de
http://www.corsica-ferries.com
http://faehren-info/

Tourenvorschlag 26

Von Ponte Leccia nach Calvi

In Ponte Leccia zweigt die Balagne-Strecke nach Calvi ab. Hier gibt es nur zwei bis drei Zugpaare, deren Fahrzeiten mit den Zügen nach Bastia und Ajaccio verknüpft sind. Die etwa 100-minütige Reise verläuft zunächst entlang der alten Nationalstraße 197, die nach einem Neubau entsprechend korsischer Tradition mittlerweile vollständig von freilaufenden Rindern, Schafen und Pferden erobert wurde. Die Fahrt verläuft somit bis zur Küste durch weitgehend menschenleeres Gebiet. Bei **Novella** wird auf 460 Metern der Scheitelpunkt der Balagne, des nördlichen Gebirgszugs der Insel, erreicht. Nach kurviger und tunnelreicher Fahrt kann man hinter Belgodère erstmals das Meer erblicken, das dann bei **Île Rousse** erreicht wird. Hier wartet dann, zumindest in den Monaten Juni bis September, ein weiterer Höhepunkt der korsischen Eisenbahnen auf den Reisenden: die **Tramways de Balagne** – so werden die neun zusätzlichen Zugpaare von und nach Calvi genannt. Etwa im 70-Minuten-Takt halten diese Züge an so manch einer Badebucht, zu denen es keine oder nur sehr holprige Straßenverbindungen gibt. Gefahren werden diese Züge mit den alten Renault-Triebwagen ABH-8 von 1949. Hier stehen noch die drei Wagen 201, 204 und 206 zur Verfügung, die jeweils an der Motorseite mit einem Steuerwagen gekuppelt sind. Die gemütliche Fahrt entlang der Küste dauert etwa 45 Minuten für 22 Streckenkilometer. Eindrucksvoll sind die Fahrten um die Buchten von Algajola und Calvi, das man schon 20 Minuten vor der Ankunft in der Ferne ausmachen kann.

In Casamozza befinden sich die Werksanlagen der korsischen Eisenbahn, streng bewacht vom samtpfotigen Hilfspersonal auf dem Bahnsteig C. Wenger

Vor Calvi verläuft die Strecke dann im Sand – zwischen Pinienwald und lang gestrecktem Badestrand mit mehreren Halten bis zum Endbahnhof beim Hafen. **Bonifacio** an der Südspitze der Insel gilt dank der exponierten Lage auf einem 70 Meter hohen Kreidefelsen als sehenswerteste Stadt Korsikas. Von der militärischen Bedeutung – und entsprechenden Kämpfen – legt noch heute die alles überragende Zitadelle Zeugnis ab. Nebenan stehen Häuser auf Klippen, die vom Meer tief eingeschnitten unterspült sind. Von Bonifacio aus kann man das zwölf Kilometer entfernte Sardinien schon sehen, eine Fortsetzung der Rundreise auf der Nachbarinsel bietet sich an. Aber das ist nun leider nicht mehr das Thema unseres Reiseführers.

i Info: Korsikas Eisenbahnen

Netz eröffnet:	1888 – 1894
Länge:	231 km
Spurweite:	1.000 mm

Kunstbauten:
- 43 Tunnel mit insgesamt 13,2 Kilometer Länge
- 76 Brücken und Viadukte mit insgesamt 4,1 Kilometer Länge

Mindestradius der Kurven:	100 m
Höchstgeschwindigkeit:	bis 90 km/h
Steigungen	bis zu 30 Promille

Mehr im Internet unter:
- http://de.wikipedia.org/wiki/Korsische_Eisenbahn
- http://www.korsika-bahn.de/no_32.htm
- http://www.korsika-bahn.de/

TGV Schnellfahrstrecken
TGV Schnellfahrstrecken im Bau
Normalspurstrecken Diesel
Normalspurstrecken Gleichstrom 1.5 kV
Normalspurstrecken Wechselstrom 25 kV
Schmalspurstrecken
Museums- und Touristikbahnen
Top-10 der Viadukte
Pariser Bahnhöfe
St.Lazare
Nord
Est
Montparnasse
Austerlitz
Gare de Lyon
Cherbourg
Carteret
Portbail
Carentan
Bayeux
Lison
St.Lô
Coutances
Granville
Folligny
Vire
Avranches
Mont St.Michel
Bas
Normanc
St.Malo
Dinan
Dol-de-Bretagne
Roscoff
Lannion
Paimpol
Pontrieux
Plouaret
Morlaix
Guingamp
St.Brieuc
Lamballe
Brest
Landernau
Carhaix
Bretagne
Loudéac
Rennes
Vitré
Laval
Pontivy
Quimper
Quimperlé
Lorient
Auray
Vannes
Redon
Châteaubriant
Quiberon
Pais de la L
La Possonnière
St.Nazaire
Savenay
Le Croisic
La Baule
Nantes
Pornic
Ste.Pazanne
Cholet
Mortagne
Les Herbiers
Chantonnay
St.Gilles-Croix-de-Vie
La Roche-sur-Yon
Les Sables-d'Olonne

Dunkerque
Calais
Calais-Fréthun
Comines
Kortrijk (B)
Hazebrouck
Tourcoing
Lumbres
Boulogne
St.Omer
Ascq
Tournai (B)
Lille
Nord -
Etaples-Le Touquet
Orchies
B.
Pas-de-
Lens
Douai
St.Pol-sur
-Ternoise
Valenciennes
Le Crotoy
Arras
Noyelles
Maubeu
Abbeville
Aulnoye
Le Tréport
Cambrai
Eu
Busigny
Dieppe
Amiens
St.Quentin
Hirson
Haute -
Picardie
Origny
Fécamp
Abancourt
Logny-Bo
Picardie
Bréauté
Serqueux
Laon
olleville
e Havre
Tergnier
Amagn
Gravenchon
Beau-
vais
Honfleur
Pont Audemer
Rouen
ouville
Compiègne
Soissons
Normandie
Gisors
Lisieux
Creil
Reims
Bernay
Serquigny
Chars
Crépy-en-Val.
Pers.
Ch-Ard.
Mézidon
C.
Pontoise
L.
B.
C.
Épernay
Evreux
Mantes
Châlons-en
Trilport
Paris
Champ
Crécy
M.
Argentan
Coulommiers
Plaisir
T.
Esternay
Dreux
La Ferté-Gau.
Sées
Sézanne
Vitry-le
Île de France
Alençon
Chartres
Provins
Arder
Dd.
Longueville
Nogent
-sur seine
Étampes
Moret
Voves
Bonnétable
Malesherbes
Montereau
Troyes
Conneré
Sens
Courtalain
Le Mans
Châteaudun
St.Florentin
Montargis
Laroche
Orléans
Thoré
Villers
Trôo
Auxerre
Gien
re
Cravant
Centre
Blois
St.Sauveur
Chaumont
Tours
Clamecy
Avallon
Amboise
Romorantin
Salbris
Chenonceau
Saulieu
Gièvres
Vierzon
Corbigny
Chinon
Loches
Bourges
Luçay-le-Mâle
Bourgo
Nevers
Châtellerault
Autun
Saincaize
Étang
Châteauroux
Montchan
ou -
Montceau
Poitiers
Argenton
Moulins
Gilly-sur-Loire
nan
Montmorillon

Pariser Bahnhöfe
St.Lazare
Nord
Est
Montparnasse
Austerlitz
Gare de Lyon
Dunkerque
Calais
Calais-Fréthun
Boulogne
Lumbres
St.Omer
Comines
Kortrijk (B)
Hazebrouck
Tourcoing
Ascq
Lille
Nord -
Etaples-Le Touquet
Orchies
B.
Lens
Douai
St.Pol-sur
-Ternoise
Arras
Le Crotoy
Noyelles
Abbeville
Le Tréport
Eu
Cambrai
Busigny
Dieppe
Amiens
St.Quentin
Picardie
Origny
Haute -
Fécamp
Abancourt
Bréauté
Serqueux
Picardie
Rolleville
Le Havre
Laon
Tergnier
Honfleur
Gravenchon
Pont Audemer
Beau-
vais
Rouen
Trouville
Cabourg
Normandie
Gisors
Compiègne
Soissons
Lisieux
Creil
Caen
Bernay
Serquigny
Chars
Crépy-en-Val.
Pers.
Mézidon
C.
L.
B.
Pontoise
C.
Evreux
Mantes
Paris
Trilport
Crécy
M.
Coulommiers
Flers
Argentan
Plaisir
T.
Esternay
Dreux
La Ferté-Gau.
Briouze
Sées
Île de France
Provins
Chartres
Alençon
Dd.
Étampes
Longueville
Nogent
Moret
Montereau
Voves
Malesherbes
Bonnétable
Conneré
Sens
Courtalain
Le Mans
Châteaudun
Montargis
Laroche
Orléans
Sablé
Villers
Thoré
Auxerre
Trôo
Gien
Loire
Centre
St.Sauveur
Angers
Blois
Chaumont
Clamecy
Tours
Salbris
Amboise
Romorantin
Saumur
Chenonceau
Gièvres
Vierzon
Chinon
Loches
Luçay-le-Mâle
Bourges
Thouars
Nevers
Châtellerault
Saincaize
Châteauroux
Poitou -
Poitiers
Argenton
Moulins
Lusignan
Montmorillon

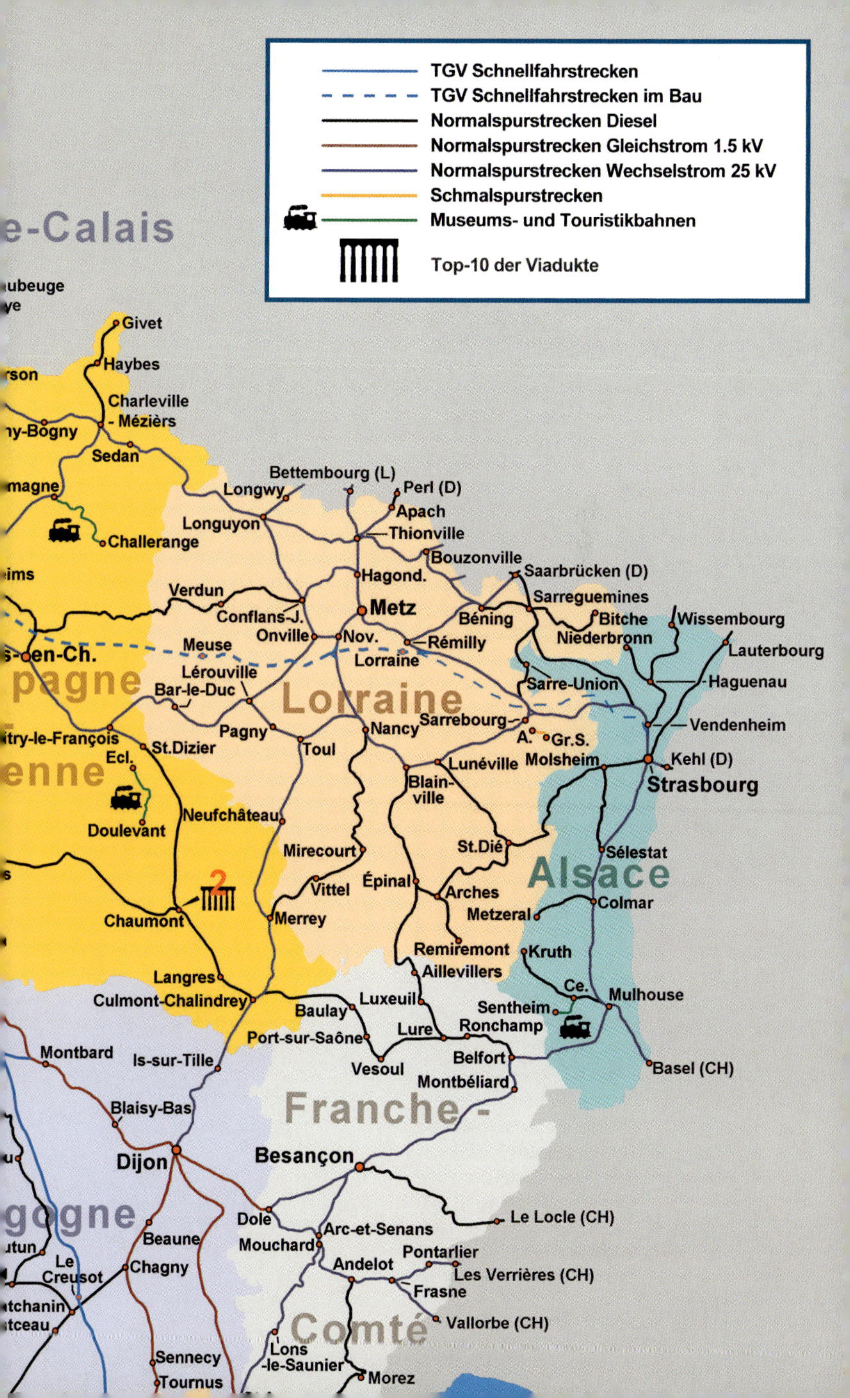
TGV Schnellfahrstrecken
TGV Schnellfahrstrecken im Bau
Normalspurstrecken Diesel
Normalspurstrecken Gleichstrom 1.5 kV
Normalspurstrecken Wechselstrom 25 kV
Schmalspurstrecken
Museums- und Touristikbahnen
Top-10 der Viadukte
Lorraine
Alsace
Franche-Comté
Givet
Haybes
Charleville - Mézièrs
Sedan
Challerange
Longwy
Bettembourg (L)
Perl (D)
Apach
Thionville
Longuyon
Bouzonville
Hagond.
Saarbrücken (D)
Sarreguemines
Verdun
Conflans-J.
Onville
Metz
Nov.
Béning
Bitche
Wissembourg
Niederbronn
Lauterbourg
Rémilly
Meuse
Lorraine
Lérouville
Bar-le-Duc
Sarre-Union
Haguenau
Vendenheim
Pagny
Toul
Nancy
Sarrebourg
A.
Gr.S.
Molsheim
Kehl (D)
Strasbourg
St.Dizier
Ecl.
Doulevant
Lunéville
Blainville
Neufchâteau
Mirecourt
St.Dié
Sélestat
Vittel
Épinal
Arches
Colmar
Chaumont
Merrey
Metzeral
Remiremont
Kruth
Aillevillers
Langres
Culmont-Chalindrey
Luxeuil
Ce.
Mulhouse
Sentheim
Baulay
Lure
Ronchamp
Port-sur-Saône
Montbard
Is-sur-Tille
Vesoul
Belfort
Basel (CH)
Montbéliard
Blaisy-Bas
Dijon
Besançon
Dole
Le Locle (CH)
Arc-et-Senans
Beaune
Mouchard
Pontarlier
Andelot
Les Verrières (CH)
Chagny
Le Creusot
Frasne
Vallorbe (CH)
Sennecy
Lons -le-Saunier
Morez
Tournus
2

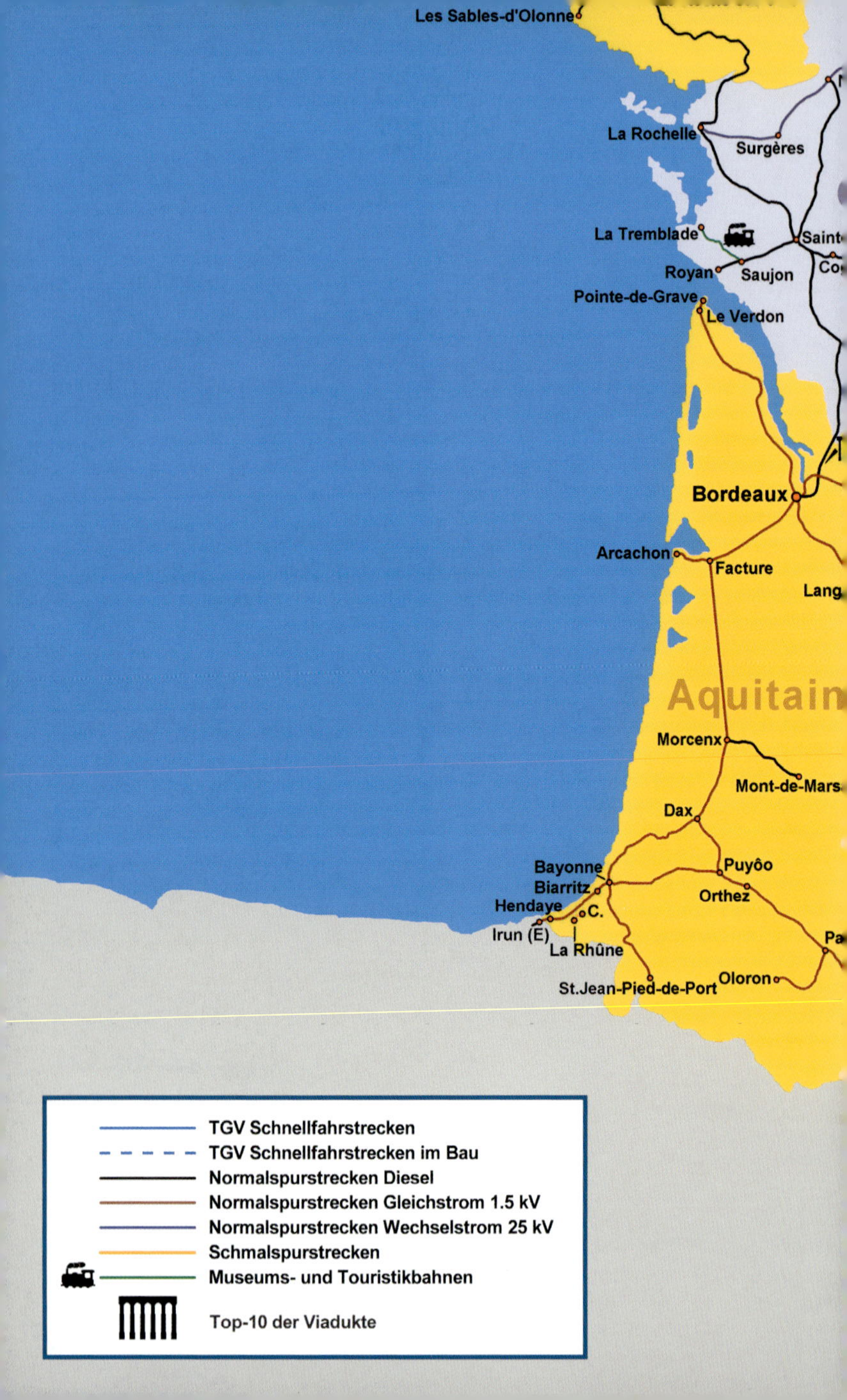

Les Sables-d'Olonne
La Rochelle
Surgères
La Tremblade
Royan
Saujon
Pointe-de-Grave
Le Verdon
Bordeaux
Arcachon
Facture
Lang
Aquitain
Morcenx
Mont-de-Mars
Dax
Bayonne
Biarritz
Hendaye
C.
Irun (E)
La Rhûne
Puyôo
Orthez
St.Jean-Pied-de-Port
Oloron
TGV Schnellfahrstrecken
TGV Schnellfahrstrecken im Bau
Normalspurstrecken Diesel
Normalspurstrecken Gleichstrom 1.5 kV
Normalspurstrecken Wechselstrom 25 kV
Schmalspurstrecken
Museums- und Touristikbahnen
Top-10 der Viadukte

Poitiers
Argenton
Montmorillon
Moulins
Gilly-sur-Loire
Commentry
Montluçon
Auvergne
St.Saviol
La Souterraine
Guéret
Evaux
Lapeyrouse
St.Germain-des-Fossés
Ruffec
Busseau
Gannat
Vichy
Roanne
St.Sulpice
10
Felletin
Volvic
Riom
Limoges
Eymoutiers
Limousin
Angoulême
Nexon
Lacelle
Eygurande
Clerm.-Ferrand
Courpière
Ussel
Laq.
Mont-Dore
Ambert
Meymac
Issoire
Arlanc
Estivareilles
Uzerche
Bort-les-Orgues
Arvant
Chaise-Dieu
Lugarde
Tulle
Périgueux
Brive-la-Gaillarde
Neussargues
St. Georges
Sembadel
Le Puy
St.Jacques-des-Blats
Murat
Langeac
Prades
Aurillac
St.Flour
1
Bergerac
Sarlat
St.Denis -lès-Martel
Viescamp
Le Buisson
Siorac
Souillac
Chapeauroux
Figeac
Langogne
Capdenac-Gare
Marvejols
La Bastide
Marmande
Le Monastier
Mende
Cahors
Villefort
3
Villefranche
Rodez
Sévérac-le-Château
Chamborigaud
Agen
Laguépie
Naucelle
4
Aguessac
Moissac
Tanus
Millau
St.Jean-du-Gard
Alès
Montauban
Tessonnières
Albi
Midi -
Languedoc
Nîmes
St.Sulpice
Auch
Toulouse
Castres
Bédarieux
Montpellier
Pyrénées
Mazamet
Roussillon
Castelnaudary
Bize
Sète
Lanespède
Carcassonne
Béziers
Agde
Montréjeau
Narbonne
Foix
Port-la-Nouvelle
Leucate
Quillan
Fitou
Axat
Rivesaltes
Ax-les-Thermes
Perpignan
Elne
Villefranche
Collioure
Le Boulou
Cerbère
La Tour-de-Carol
Portbou (E)
6

Poitiers
Lusignan
Montmorillon
Argenton
Moulins
Gilly-s
Niort
St.Saviol
Ruffec
Charentes
La Souterraine
Guéret
Montluçon
Commentry
Auvergn
Lapeyrouse
St.Germain-
Evaux
Busseau
Gannat
Vichy
10
St.Sulpice
Felletin
Volvic
Riom
Saintes
Cognac
Angoulême
Limoges
Nexon
Eymoutiers
Limousin
Lacelle
Eygurande
Ussel
Clerm.-Ferrand
Laq.
Mont-Dore
Courp
Meymac
Uzerche
Bort-les-Orgues
Issoire
Arlanc
Arvant
Chaise-Dieu
Lugarde
Tulle
Périgueux
Brive-la-Gaillarde
Neussargues
St. Georges
Semba
8
St.Jacques-des-Blats
Murat
Langeac
Libourne
Bergerac
Sarlat
Aurillac
St.Flour
1
Le Buisson
Siorac
Souillac
St.Denis -lès-Martel
Viescamp
Figeac
Langogn
Langon
Capdenac-Gare
Marvejols
La Basti
Marmande
Le Monastier
Mende
Cahors
Ville
Villefranche
Rodez
Sévérac-le-Châtea
Chambori
ine
Agen
Moissac
Laguépie
Naucelle
4
Aguessac
Tanus
Millau
St.Jean-du
Montauban
Tessonnières
Albi
Lang
-Marsan
Midi -
St.Sulpice
Auch
Toulouse
Castres
Bédarieux
Montpe
Mazamet
Roussillon
Pyrénées
Pau
Tarbes
Castelnaudary
Bize
Béziers
Agde
Lanespède
Carcassonne
Montréjeau
Narbonne
Lourdes
Foix
Port-la-Nouvelle
Leucate
Quillan
Fitou
Bagnères-de-Luchon
Axat
Rivesaltes
Ax-les-Thermes
Perpignan
Elne
Villefranche
Collioure
Le Boulou
Cerbère
La Tour-de-Carol
Portbou (E)
6

Lons
-le-Saunier
Sennecy
Tournus
Morez
St.Amour
St.Claude
Evian
Bourg-en
-Bresse
Mâcon
Mussy
Genève (CH)
Oyonnax
Annemasse
Cize-Bolozon
Bellegarde
Vallorcine
Seyssel
La Roche
-sur-Foron
Le Montenvers
Chamonix
Ambérieu
Culoz
Annecy
Le Fayet
Bionnassay
Lyon
St.Exupéry
Br.
St.Foy
Givors
Aix-les-Bains
Albertville
Bourg-St.Maurice
Chambéry
St.André
-le-Gaz
Montmélian
St.
Étienne
Moirans
Rhône - Alpes
Erôme
Tain
Tournon
Grenoble
Modane
Vif
St.Georges-de-Commiers
Romans
Valence
Lamastre
La Mure
Briançon
La Voulte
Die
Clelles
L'Argentière
Cruas
Livron
Lus-la-Croix-Haute
Rochemaure
Crest
Veynes
Montélimar
Gap
Embrun
Aspres-sur-Buëch
Viviers
Donzère
Serres
Sisteron
Provence -
Tende
Orange
Château-Arnoux
Digne
Avignon
Breil-sur-Roya
Alpes -
Ventimiglia
Menton
Monaco
Tar.
Pertuis
Grasse
Nice
Arles
Fontvieille
Meyrarguez
Cannes
Aigues-Mortes
Côte-d'Azur
Anthéor-Plage
Miramas
Aix-en-Provence
Fos
Brignoles
Fréjus
St.Raphaël
Martigues
Marseille
Carnoules
Île-Rousse
Bastia
Toulon
Bandol
Hyères
Algajola
Calvi
Belgodère
Casamozza
Ponte-Leccia
Soveria
Corte
Tavera
Ajaccio
Corse
Bonifacio
9
5
7